Schriften zur psycho-sozialen Gesundheit

Anton Schlittmaier

# Ethische Grundlagen klinischer Sozialarbeit

2., ergänzte Auflage

ZKS VERLAG

**Impressum**

CIP-Titelaufnahme der Deutschen Bibliothek
Anton Schlittmaier
Ethische Grundlagen Klinischer Sozialarbeit
2., ergänzte Auflage

Diese Arbeit erscheint im Rahmen der Reihe
"Schriften zur psycho-sozialen Gesundheit"
Herausgeber:
Prof. Dr. Frank Como-Zipfel
Dr. Gernot Hahn
Prof. Dr. Helmut Pauls

Coburg: ZKS-Verlag


Cover-Design: Leon Reicherts
Technische Redaktion: Tony Hofmann

ISBN 978-3-934247-70-3

Der ZKS-Verlag ist eine Einrichtung der Zentralstelle für Klinische Sozialarbeit (ZKS)
UG (haftungsbeschränkt), HRB Nummer 5154
Geschäftsführer: Prof. Dr. Helmut Pauls und Dr. Gernot Hahn.

**Anschrift:**
Zentralstelle für Klinische Sozialarbeit
Mönchswiesenweg 12 A
96479 Weitramsdorf-Weidach

**Kontakt:**
info@zks-verlag.de
www.zks-verlag.de
Tel./Fax (09561) 33197

**Gesellschafter der ZKS:**
- IPSG-Institut für Psycho-Soziale Gesundheit (gGmbH) – Wissenschaftliche Einrichtung nach dem Bayerischen Hochschulgesetz an der Hochschule Coburg, Staatlich anerkannter freier Träger der Jugendhilfe, Mitglied im PARITÄTISCHEN Wohlfahrtsverband. Amtsgericht Coburg. HRB 2927.
  Geschäftsführer: Dipl.-Soz.päd.(FH) Stephanus Gabbert
- Dr. Gernot Hahn
- Prof. Dr. Helmut Pauls

**Inhaltsverzeichnis**

## 1. Einführung

Berufliches Handeln in der Klinischen Sozialarbeit wird unter moralischen Gesichtspunkten normiert durch berufsethische Grundsätze wie sie beispielhaft in den berufsethischen Prinzipien der Zentralstelle für Klinische Sozialarbeit[1] niedergelegt sind. Berufsethische Prinzipien bestehen aus einem Katalog moralischer Normen, die eine Leitlinie für das Handeln von Sozialarbeitern beziehungsweise Sozialpädagogen bilden (Baum 1996). Sie liegen in der Form von Imperativen vor, teilweise auch in Form von Indikativen, die die ideale Gestaltung der Praxis beschreiben.

Schopenhauer (1979) meinte in Bezug auf moralische Forderungen: „Moral zu predigen ist leicht, Moral zu begründen, schwer". Diese Aussage angewandt auf Berufsethische Prinzipien bedeutet: Eine Ethik Klinischer Sozialarbeit darf sich nicht damit begnügen, moralische Normen nur aufzulisten. Nötig ist es vielmehr, in Form einer ethischen Reflexion, die in berufsethischen Prinzipien vorliegenden Normen auf ihre Begründung und ihre Geltung hin zu prüfen.

Hier finden wir die Frage nach dem Grund. Warum soll eine bestimmte Norm eingehalten werden? In 3.e der berufsethischen Prinzipien der Zentralstelle für Klinische Sozialarbeit findet sich: „Klinische Sozialarbeiter erkennen das Recht auf Selbstbestimmung von Klienten an." Man könnte über diesen Satz wie über eine Selbstverständlichkeit hinweggehen. Jeder weiß das – eine Diskussion ist überflüssig! Hier führt Ethik als Frage nach der Begründung zu einer Verlangsamung. Warum eigentlich? Und was ist Selbstbestimmung überhaupt? Welche Konnotationen bzw. Assoziationen hat dieser Begriff? Wie ist er in der Geschichte der Ethik verankert?

Neben der Begründung berufsethischer Prinzipien stellt sich als zweifellos ebenso dringliches Problem, die Frage der Anwendung berufsethischer Normen in der Praxis Klinischer Sozialarbeit. Man kann hier drei Ebenen unterscheiden: Die Ebene der Normenbegründung, die Ebene von Vorschriften oder Regularien, die auf einer konkreteren Ebene liegen, sowie die Ebene der Anwendung. Berufsethische Prinzipien bilden die mittlere dieser drei Ebenen. Bei der Frage der Anwendung ist zu klären, wie eine relativ konkrete Norm angewandt werden kann. Meist ist dies schwieriger als man auf den

---

[1] Der Text findet sich unter:
http://www.klinische-sozialarbeit.de/zertifizierung/Berufseth.Prinzipien-ZKS.pdf

ersten Blick vermutet, denn der Einzelfall ist immer vielschichtig und entzieht sich einer einfachen Subsumtion (Unterordnung) unter ein Allgemeines. Berufsethische Prinzipien entfalten jedoch nur ihren Sinn, wenn sie Anwendung finden, wenn sie Praxis im Sinne einer ethischen Orientierung verbessern.

Von dieser Überlegung ausgehend ergibt sich folgender Aufbau des Textes: Als erstes werden die berufsethischen Prinzipien der Zentralstelle für Klinische Sozialarbeit dargelegt. Zudem erfolgt eine Kontrastierung mit den berufsethischen Prinzipien des IFSW/IASSW (International Federation of Social Workers/International Assoziation of Schools of Social Work) sowie des DBSH (Deutscher Berufsverband für Soziale Arbeit)[2].
Ausgehend von der Überlegung, dass Soziale Arbeit das Allgemeine und Klinische Sozialarbeit eine Spezifizierung ist, müsste sich die spezifische Differenz der Klinischen Sozialarbeit in den besonderen Merkmalen einer Berufsethik Klinischer Sozialarbeit spiegeln[3].

Hierauf folgt zweitens eine Explikation zentraler Begriffe des ethischen Diskurses, die in engem Zusammenhang mit den berufsethischen Prinzipien stehen. Entfaltet werden diese Begriffe jeweils im Kontext bekannter und für unsere Tradition bestimmender ethischer Theorien.
Zentral ist hierbei der Gedanke, dass die berufsethischen Prinzipien – die mittlere Ebene - erstens der Begründung bedürfen (Rekurs auf die Ebene zentraler Begriffe wie Gerechtigkeit, Freiheit) und zweitens nur sinnvoll anwendbar sind, wenn sie in einen übergeordneten begrifflichen Rahmen eingebettet sind. So kann ich z.B. bei der Aufforderung (vgl. Prinzipien des DBSH, 2.5): „Die Mitglieder des DBSH treten für die Rechte sozial Benachteiligter öffentlich ein“ den Anwendungsbezug konkret nur herstellen, wenn ich über einen Begriff von Rechten, die Menschen zukommen, verfüge. Solche Diskussionen sind von der Sache her schwierig und vielschichtig, weil es je nach Menschenbild und ethisch-theoretischem Hintergrund sehr verschiedene Vorstellung von Rechten gibt. Ab wann muss ein Sozialarbeiter öffent-

---

[2] Der Text findet sich unter http://www.dbsh.de/beruf/berufsethik/berufsethische-prinzipien.html

[3] Ich folge hier der in der Logik üblichen Unterscheidung zwischen Art und artbildendem Unterschied. Klinische Sozialarbeit wird als eine besondere Art Sozialer Arbeit gefasst. Dabei gehe ich nicht davon aus, dass es fixe Essenzen gibt (also Klinische Sozialarbeit als Wesenheit), die nur erfasst und definiert werden müsste. Klinische Sozialarbeit ist vielmehr ein Resultat, dass gesellschaftlichen Konstruktionen entspringt. Die Berufsethik ist mithin nicht nur Praxisnormierung, sondern auch konstruktive Erzeugung eines Begriffes Klinischer Sozialarbeit.

lich für den Klienten eintreten? Wo sind hier Grenzziehungen und wie können sie argumentativ ausgewiesen werden?

Neben grundlegenden ethischen Begriffen spielen in einer Ethik Klinischer Sozialarbeit auch Prinzipien mittlerer Reichweite eine wichtige Rolle. Sie werden in Anlehnung an Konzepte aus der Medizinethik (Irrgang 1995; Schöne-Seifert 1996) als Drittes dargelegt. Dabei handelt es sich um Prinzipien, die nicht Letztprinzipien sind. Sie sind praktisch nützlich, können Praxis aber nur bedingt anleiten.

Abgeschlossen wird der Lehrtext mit weiteren Überlegungen zur Anwendung berufsethischer Prinzipien. Dabei wird eine prinzipielle Schwierigkeit herausgestellt, die darin besteht, dass in der konkreten Situation immer mehrere ethische Prinzipien relevant sind und dass es keine absolute Rangfolge der Prinzipien gibt. Man kann also z.B. nicht grundsätzlich sagen, dass Freiheit immer vor Gerechtigkeit (bzw. umgekehrt) zu beachten ist.

Wer von der Ethik eine klare Handlungsorientierung erwartet, wird enttäuscht sein. Die Ethik liefert keinen Katalog einfach zu befolgender Regeln. Dies gilt auch für eine Ethik Klinischer Sozialarbeit. Was kann diese dann leisten?

- Ein Entscheidungsproblem kann als ethisches identifiziert werden.
- Das Entscheidungsproblem kann in einen größeren Kontext eingebunden werden.
- Es kann verdeutlicht werden, welche Normen und Prinzipien der Klinischen Sozialarbeit eine Rolle spielen.
- Eine Folge der Abstraktion innerhalb der Klinischen Sozialarbeit kann begründet werden: Welche Werte sind die allgemeinsten und welche hängen von anderen ab? (z.B. konkrete Rechte des Klienten von einem allgemeinen Recht auf Selbstbestimmung).
- Ethik Klinischer Sozialarbeit kann eine Entscheidung vertiefen bzw. die zu berücksichtigenden Aspekte vermehren.
- Ethik Klinischer Sozialarbeit steht in gewissem Konflikt mit Bauchentscheidungen (möchte man die Bauchentscheidungen zu einer wichtigen Grundlage für Entscheidungen in der Praxis machen, dann müssten Haltungen eingeübt werden [im Sinne des Aristoteles[4]].

[4] Ethisches Verhalten ist für Aristoteles kein naturhaftes instinktives Sich-Verhalten, sondern Resultat einer langen Übung; d.h. um in kritischen Situationen schnell ethisch kompetent handeln zu können, ist Übung erforderlich, so dass ethische Handlungsmuster zur Routine werden (Aristoteles 1985).

- Ethik Klinischer Sozialarbeit kann helfen, die Anwendungskriterien einzelner Prinzipien in der konkreten Praxis zu präzisieren (was heißt, die Selbstbestimmung fördern, in diesem konkreten Fall?).
- Ethik Klinischer Sozialarbeit liefert Begründungen – allerdings keine absoluten[5]; jede Begründung geht von Voraussetzungen aus, die selbst nicht absolut begründbar sind.

Eine Ethik Klinischer Sozialarbeit ist keine Enklave jenseits der Allgemeinen Ethik. Es gelten mithin ethische Grundprinzipien, die für unser Leben in der Gesellschaft allgemeine Gültigkeit haben. Gerechtigkeit spielt z.B. nicht nur in der Klinischen Sozialarbeit eine Rolle, sondern in jedem Feld gesellschaftlicher Praxis. Von daher geht eine Klinische Sozialarbeit von allgemeinen Grundsätzen aus, die sie bereichsspezifisch anwendet. Diese Überlegungen passen am ehesten mit den Darlegungen der Berufsethik zusammen, die sich ebenfalls auf allgemeine Werte bezieht.

Alternativ wären auch Modelle denkbar[6], die a) von spezifischen Normen der Klinischen Sozialarbeit ausgehen und die b) aus der Praxis selbst – im Sinne einer Sinnexplikation – die normativen Grundlagen gewinnen. Letzteres kann wiederum allgemein oder spezifisch[7] geschehen. Diese Möglichkeiten sollen, da es sich hier um einen Lehrtext handelt, nicht weiter verfolgt werden.

---

[5] Gerade im Zusammenhang mit den Diskussionen zur Postmoderne (Manker/Roessler 2000) dürfte klar sein, dass jede absolute Fundierung den Rahmen menschlicher Möglichkeiten überzieht; auf der anderen Seite propagieren gerade Theoretiker der Postmoderne einen Wert wie Toleranz als quasi absolut; in einer aktuellen Veröffentlichung zeigt Gabriel (2013), dass eine perspektivische Begründung nicht zwangsläufig in Beliebigkeit ausläuft; wenn man begründen kann in welchem Kontext eine bestimmte Sicht als richtig gezeigt werden kann, dann hat diese Überlegung etwas Objektives, obwohl es keinen absoluten Kontext, d.h. den Kontext aller Kontexte, gibt.

[6] Vgl. Schlittmaier (2006 a. u. b.)

[7] In Schlittmaier (2009) habe ich diese Möglichkeit anhand einer Darlegung zu den normativen Implikaten sozialarbeitswissenschaftlicher Theorie dargelegt. Von zentraler Bedeutung ist hier der Hilfebegriff, den ich mit Hilfe des Metakonzepts des Interexistenzials als normative Vorgabe expliziert habe, die der Praxis selbst entspringt. Eine derartige Diskussion würde an dieser Stelle zu weit in spezifisch sozialpädagogische Sinnzusammenhänge (Hermeneutik) führen.

## 2. Berufsethische Prinzipien der Zentralstelle für Klinische Sozialarbeit[8], des DBSH und der IFSW/IASSW

Ich beginne mit der Darlegung der berufsethischen Prinzipien der Zentralstelle für Klinische Sozialarbeit. Diese sind für Klinische Sozialarbeiter maßgeblich. Um die Spezifität des Berufsfeldes Klinischer Sozialarbeit zu erfassen, ist es sinnvoll und nützlich, Berufsethiken zu sichten, die ein umfassenderes Berufsfeld fokussieren, eben die Soziale Arbeit insgesamt. Dabei beziehe ich mich auf die berufsethischen Prinzipien des DBSH sowie die übergeordneten, weltweit gültigen Prinzipen der IFSW/IASSW.

### 2.1. Die berufsethischen Prinzipien der Zentralstelle für Klinische Sozialarbeit

Die berufsethischen Prinzipien der Zentralstelle für Klinische Sozialarbeit beziehen sich in erster Linie auf soziale und psychische Gesundheit sowie das Wohlergehen des Klienten. Dabei nehmen Sie Bezug auf allgemeine Grundwerte Sozialer Arbeit. Diese sind:

- Würde und Selbstbestimmung
- Professionelle Berufsausübung
- Verbundenheit mit den Grundwerten einer demokratischen Gesellschaft

Klinische Sozialarbeit identifiziert ethische Konflikte und prüft inwieweit Interventionen folgende Standards erfüllen:

- Keinen Schaden zufügen
- Vermeidung strafbarer Handlungen
- Wohltätigkeit
- Autonomie des Klienten

Diese sehr grundlegenden Standards finden ihren Niederschlag in konkreten Anforderungen an Klinische Sozialarbeit. Diese befinden sich auf einem unterschiedlichen Level der Konkretisierung.
Sie beziehen sich auf folgende Dimensionen:

- Allgemeine Verantwortung
- Verantwortung gegenüber dem Klienten

[8] Diese Richtlinie bezieht sich auf den Code of Ethics der Clinical Social Work Federation in den USA (aktuell Clinical Social Work Associatiaton; Übersetzung Pauls & Dentler)

- Vertraulichkeit und Datenschutz
- Öffentlichkeit

Am ausführlichsten wird die Verantwortung gegenüber dem Klienten ausgeführt. Hier wird nochmals untergliedert in:

- Aufklärung
- Durchführung und Beendigung
- Beziehungen zu Klienten
- Kompetenz

Bei der Verantwortung gegenüber Klienten werden folgende ethische Grundbegriffe hervorgehoben: Würde, Wohlergehen und Selbstbestimmung.
Die einzelnen konkreten Aufforderungen ergeben sich aus den allgemeinen Grundsätzen im Sinne einer Operationalisierung. Beispielsweise lassen sich Würde und Selbstbestimmung konkret dadurch wahren, dass Klienten informiert werden und ein Konsens über die Intervention zustande kommt. Ähnlich ist es mit der Aufforderung, über die Kosten einer Behandlung zu informieren. Auch hier wird ein allgemeiner Wert angesprochen, da ansonsten das Problem besteht, dass ein Klient zu etwas seine Zustimmung gibt, ohne über das nötige Wissen erfolgender Konsequenzen zu verfügen.

Auch bei der Durchführung einer Behandlung spielen ethische Grundwerte die fundamentale und orientierende Rolle. Die Aufforderung den Bedürfnissen von Klienten angemessen zu entsprechen leitet sich aus Grundnormen ab. Hier kann auf das Wohlergehen verwiesen werden. Wohlergehen ist ein fundamentales Recht, das sich aus grundlegenden anthropologischen und ethischen Überlegungen sowie aus gesetztem Recht (Kirste 2010) ableiten lässt. Wohlergehen kann nur realisiert werden, wenn bestimmte Voraussetzungen vorliegen. Eine davon ist eben, dass die Bedürfnisse adäquat berücksichtigt werden. Ist dies nicht der Fall, wird Wohlergehen verhindert und dem Klienten wird ein Rahmen geboten, der das Maß an Wohlergehen, das unter gegenwärtigen gesellschaftlichen Voraussetzungen möglich ist, unterschreitet.

Klinische Sozialarbeiter sollten im Interesse der sozialen und psychischen Gesundheit ihrer Klienten auch dafür Sorge tragen, dass eine erforderliche Behandlung zustande kommt. Bei Ablehnung eines Behandlungsplanes, soll ein neuer Behandlungsplan entworfen werden, der dem Kostenträger erneut vorgelegt werden soll. Dies ist keine bloß instrumentelle Vorschrift, sondern bezieht sich auf eine Gesamtsorge, die der Klinische Sozialarbeiter für seinen

Klienten übernehmen soll. Psychische Gesundheit, Wohlergehen oder Schadensvermeidung können nur sichergestellt werden, wenn der Klinische Sozialarbeiter seine Sorge für den Klienten nicht bei der ersten Ablehnung der Kostenübernahme ad acta legt.
Ähnlich die Aufforderungen zum Datenschutz und der Umgang mit Akten: Auch hier geht es nicht um formale Regelbefolgung, sondern um wertbezogenen Schutz der Autonomie und Würde des Klienten.

In der Beziehung zum Klienten ist insbesondere die Grenzziehung zwischen professioneller und persönlicher Beziehung hervorzuheben. Dabei wird die professionelle Haltung als interessenneutral gesehen. Auf dieser Basis wird es möglich, den Klienten wertschätzend im Rahmen seiner Selbstdeutungen zu verstehen. Ein subjektives Interesse des Klinischen Sozialarbeiters an einem bestimmten Klienten (z.B. im Zusammenhang mit monetären oder sexuellen Aspekten) kann zu einer Verzerrung oder im schlimmsten Fall zum Missbrauch der beruflichen Beziehung führen. Die Wirksamkeit der professionellen Beziehung wäre damit aufgehoben. Die Berufsethik stellt hier Grenzen heraus, die die Wirksamkeit der professionellen Beziehung schützen bzw. ihre Unwirksamkeit und ihren Missbrauch verhindern soll.

Sexuelle Beziehungen mit Klienten sind ein Tabu. Sexuelle Beziehungen zu Angehörigen sind zu vermeiden. Derart enge subjektiv-emotional aufgeladene Beziehungen deformieren die professionelle Beziehung – führen ihre Unwirksamkeit oder gar Schaden für den Klienten herbei. Im Umkehrschluss heißt dies auch, dass ein Klinischer Sozialarbeiter die professionelle Beziehung beenden muss (bzw. die Überweisung an einen Kollegen vornehmen muss), wenn eine persönliche Beziehung zu einem Klienten entsteht.

Die Interessen des Klienten sind ein zentraler Bezugspunkt für die Beziehung zum Klienten. Dabei ist sicher zu beachten, dass Interessen nicht nur die subjektiv geäußerten Bedürfnisse sind, sondern dass Interessen immer auch einen objektiven Charakter haben. So ist es durchaus möglich, dass ein Klient aus situativen Gründen selbstzerstörerisches Verhalten an den Tag legen möchte. Dies mag seiner momentanen Bedürfnislage entsprechen, kollidiert jedoch mit weiter reichenderen Interessen, die sich nicht nur an der Gegenwart, sondern auch an der Zukunft des Klienten orientieren.

Neben den Interessen des Klienten wird das Recht auf Selbstbestimmung stark hervorgehoben. Auch dieser Begriff darf nicht im Sinne eines Subjektivismus missverstanden werden. Die Möglichkeit des Klienten über ihn betreffende Informationen zu verfügen bzw. zu bestimmen, gehört nach der Berufsethik für Klinische Sozialarbeiter zu den essentiellen Bestandteilen des Begriffs der Selbstbestimmung. Von daher liegt dem Wunsch, seine Daten zu schützen, mehr als ein ephemeres Bedürfnis zugrunde; der Klinische Sozialarbeiter ist verpflichtet, diesem Interesse nachzukommen und ggf. hierfür auch aufwendige Maßnahmen zu ergreifen (z.B. Suche nach Kostenträger, der bestimmte Daten nicht nachfragt).

Der Klinische Sozialarbeiter verkörpert Transparenz gegenüber dem Klienten. Konflikte, die eine professionelle Arbeit stören (z.B. eine Beeinträchtigung der professionellen Distanz) sollen angesprochen bzw. benannt werden. Für den Klienten besteht dann die Möglichkeit entsprechende Konsequenzen zu ziehen, also z.B. den Klinischen Sozialarbeiter zu wechseln.

Der Oberbegriff „Kompetenz" soll ebenfalls den Klienten schützen. Insbesondere ist der Klinische Sozialarbeiter verpflichtet seine eigene Kompetenz angemessen einzuschätzen und die professionelle Tätigkeit nur aufzunehmen, wenn bei ihm die entsprechende Kompetenz gegeben ist. Da Klinische Sozialarbeit von der Sache her eine große Nähe und Intimität zu den Klienten beinhaltet, sind die Gefahren dieser besonderen Form und Intensität der Beziehung zu reflektieren. Gerade Klienten Klinischer Sozialarbeit können emotional sehr heftig auf die von Klinischen Sozialarbeitern ausgesandten Kommunikationen reagieren. Dies ist nicht immer förderlich (unrealistische Intensivierung), vielfach ist es schädlich. Um hier den Prozess zu kontrollieren – soweit möglich – ist der Klinische Sozialarbeiter verpflichtet, selbstkritisch Maßnahmen der Supervision, der Beratung oder therapeutischen Behandlung aufzunehmen. Dadurch wird letztendlich der Klient vor Kommunikationen geschützt, die im schlimmsten Fall schädlich für ihn sein können. Das Verbot zu schaden, das zu den Grundlagen einer Berufsethik gehört, ist maßgeblich dafür, dass der Klinische Sozialarbeiter dafür Sorge tragen muss, dass sein Kommunikationsverhalten im Sinne einer nutzbringenden Beziehung im Interesse des Klienten kontrollierbar bleibt. Dabei ist das Training maßgeblich. Im Sinne des Aristoteles geht es um die Herausbildung von Haltungen, insbesondere um einen Habitus, der mit eigenen Impulsen reflektiert umgehen kann, so dass ein schädliches Agieren des Klinischen Sozialarbeiters in Bezug auf den Klienten verhindert wird. Man kann das Supervisionsgebots sozusagen als eine ethische Regel zweiter Stufe ansehen. Dabei wäre die einfache Aufforderung, Emotionen im Beratungsprozess so zu kontrollieren, dass eine Schädigung des Klienten vermieden wird, eine Regel erster Stufe. Die Forderung eine Haltung zu erwerben, die eine derartige Praxis sozusagen zur Routine macht, befindet sich auf einer höheren Stufe und kann somit in diesem Zusammenhang als Regel zweiter Stufe bezeichnet werden.

Der Passus über Vertraulichkeit und Datenschutz bezieht sich nochmals gründlich auf die informationelle Selbstbestimmung. Hier handelt es sich um Regeln, die dem Recht sehr nahe stehen (Hoerster 2002). Wichtig ist aber, dass diese Regeln sich immer auf Grundwerte beziehen. Nur in einem Rahmen, der die Vertraulichkeit schützt, können die zentralen Werte der Berufsethik realisiert werden. Ein oberflächlicher oder missbräuchlicher Umgang mit Daten würde die Grundwerte zur Farce degradieren.

Auch der Passus zur Öffentlichkeit dient primär dem Schutz der Klienten. Die Information hat korrekt zu erfolgen. Eine Überschreitung der Kompetenzen hat zu unterbleiben. Dies gilt insbesondere für medizinische Diagnostik und Therapie. Hier sind die zuständigen Experten zu involvieren. Zwischen den unterschiedlichen Professionen ist auf die korrekte Zuordnung zu achten.

## 2.2. Die berufsethischen Prinzipien des DBSH

Die berufsethischen Prinzipien des DBSH wurden bei der Bundesmitgliederversammlung vom 21. – 23.11.1997 in Göttingen verabschiedet. Sie gliedern sich in sechs Bereiche:

- Allgemeine Grundsätze beruflichen Handelns
- Verhalten gegenüber Klienten
- Verhalten gegenüber Berufskolleginnen und Berufskollegen
- Verhalten gegenüber Angehörigen anderer Berufe
- Verhalten gegenüber dem Arbeitgeber und Organisationen
- Verhalten in der Öffentlichkeit

Berufsethische Prinzipien formulieren Normen, an denen sich das praktische Handeln der im Sozialbereich Tätigen orientieren soll (Martin 2001: 66 ff). Die Normen, die sich in den berufsethischen Prinzipien des DBSH finden, lassen sich idealtypisch in zwei Gruppen unterscheiden:

a) Normen, die sich auf die Fachlichkeit Sozialer Arbeit beziehen. Hierbei geht es sowohl um strukturelle (Ebene der Gesellschaft beziehungsweise des Gemeinwesens) wie klientenbezogene Aspekte. Die Forderungen, dass SA/SP (= Sozialarbeiter/Sozialpädagogen) aktiv in der Sozialplanung mitwirken sollen (berufsethischen Prinzipien des DBSH, 2.7) oder soziale Not erforschen sollen (berufsethischen Prinzipien des DBSH , 2.6), sind Beispiele für Forderungen an die Fachlichkeit in Bezug auf strukturelle Aspekte. Demgegenüber bezieht sich z.B. die Forderung, getroffene Maßnahmen zu dokumentieren (berufsethischen Prinzipien des DBSH, 2.9), auf klientenbezogene Aspekte der Fachlichkeit.

b) Normen, die sich auf genuin moralische Aspekte beziehen. Hier geht es um Forderungen wie die Achtung der Würde des Klienten oder die Wertschätzung und Anerkennung von Kollegen (Berufsethische Prinzipien, 4.1).

Ein großer Teil der in den berufsethischen Prinzipien des DBSH genannten Normen lässt sich nicht eindeutig zuordnen. Oft vermischen sich fachliche und moralische Aspekte. So kann beispielsweise die Forderung, dass die Lebenssituation und Unabhängigkeit der beteiligten Menschen zu respektieren ist (Berufsethische Prinzipien, 3.5), nicht eindeutig zugeordnet werden. Einerseits liegt dieser Forderung ein moralischer Wert wie die menschliche Würde zugrunde, anderseits kann diese Forderung im Rahmen einer modernen Sozialen Arbeit wie sie beispielsweise im Konzept der Lebensweltorientierung (Thiersch 2002) vorliegt, auch als fachliche Forderung verstanden werden. Die Problematik lässt sich zum Teil auflösen, indem zwischen *mittelbaren* moralischen Normen und *unmittelbaren* moralischen Normen unterschieden wird. Fachliche Aspekte, die in den berufsethischen Prinzipien des DBSH angesprochen werden, sind *indirekt* von moralischer Relevanz, da sie den Klienten vor unsachgemäßer Durchführung der Hilfe schützen. Beispielsweise soll die Forderung, getroffene Maßnahmen zu dokumentieren, den Klienten vor inkompetenten Verfahrensweisen des SA/SP bewahren.[9] Unmittelbare moralische Normen dagegen beziehen sich direkt auf Grundwerte wie Autonomie, menschliche Würde oder soziale Gerechtigkeit. Sie heben nicht nur auf die fachgerechte Durchführung der Arbeit ab, sondern zielen auch auf die inneren Haltungen, die die Handlungen des SA/SP begleiten. Beispielsweise geht die Forderung, die Autonomie des Klienten zu wahren, über rein fachliche Regeln hinaus. Sie bilden vielmehr eine moralische

[9] Mittelbare Normen haben neben dieser Funktion auch Relevanz für die Professionalisierung sowie die Ausbildung einer beruflichen Identität von SA/SP (Martin 2001: 68). Da es in diesem Kapitel ausschließlich um ethische Grundlagen der Klinischen Sozialarbeit geht, soll dieser Aspekt hier nicht weiter verfolgt werden.

Verpflichtung[10], die nicht nur äußerlich praktiziert, sondern au beabsichtigt werden soll.

Auf der Basis dieser Unterscheidung lassen sich idealtypisch zwei Formen der Praxis fachlicher Sozialer Arbeit voneinander abheben:

a) Eine fachgerechte Arbeit, die die Regeln der Profession bloß äußerlich beachtet.
b) Eine fachgerechte Arbeit, die die moralischen Standards der Profession bejaht und bewußt vollzieht, wobei die moralische Relevanz mittelbarer moralischer Normen eingesehen wird (Baum 1996).

Im Folgenden werden die in den berufsethischen Prinzipien des DBSH angeführten unmittelbaren moralischen Normen beziehungsweise Werte aufgelistet.

- Katalog der Menschenrechte: Persönlichkeitsrechte; Sozialstaatsgebot
- Würde der Person
- Solidarität und strukturelle Gerechtigkeit
- Integration der Person in die Gesellschaft; Schutz der Person in der Gesellschaft
- Ablehnung von Diskriminierung
- Politischer Einsatz für sozial Benachteiligte
- Orientierung an einem Konsens mit dem Klienten
- Respektierung der Autonomie des Klienten
- Schutz von Daten
- Wertschätzung und Anerkennung von Kollegen; Beistand und Absprache mit Kollegen
- Loyalität gegenüber dem Arbeitgeber
- Eingang eines Beschäftigungsverhältnisses nur wenn die angeführten Normen und Werte Beachtung finden

Die berufsethischen Prinzipien des DBSH fokussieren neben dem Schutz des Klienten, dem Verhältnis zu Berufskollegen und anderen Berufsgruppen auch die gesellschaftspolitische beziehungsweise strukturelle Ebene.

---

[10] Im zweiten Teil dieses Kapitels werden derartige Verpflichtungen auf ethische Theorien bezogen. Dort wird näher erläutert, inwieweit derartige Verpflichtungen nicht nur beliebige Setzungen, sondern begründbare Maßstäbe für sozialarbeiterisches Handeln sind.

## 2.3. Die berufsethischen Prinzipien der IFSW/IASSW[11]

Die berufsethischen Prinzipien der IFSW/IASSW sind den Prinzipien des DBSH übergeordnet. Ausdrücklich wird hervorgehoben, dass man erwarte, dass die Mitgliedsverbände (also auch der DBSH) die konkreten Richtlinien erarbeiten.

Die Prinzipien des IFSW/IASSW nehmen Bezug auf eine Definition von Sozialer Arbeitet (2001), die folgendermaßen lautet:

„Die Profession Soziale Arbeit fördert sozialen Wandel, Problemlösungen in menschlichen Beziehungen und die Stärkung und Befreiung von Menschen, um das Wohlergehen zu stärken. Gestützt auf Theorien über menschliches Verhalten und soziale Systeme greift Sozialarbeit an den Stellen ein, wo Menschen mit ihrer Umwelt in Wechselwirkung stehen. Die Grundlagen von Menschenrechten sozialer Gerechtigkeit sind für soziale Arbeit wesentlich."

Folgende Dimensionen lassen sich extrahieren:

- Zielsetzung: Wohlergehen
- Mittel: sozialer Wandel, Problemlösung, Stärkung und Befreiung von Menschen
- Basis für Erfassung des Ist-Standes: Theorien menschlichen Verhaltens und sozialer Systeme
- Angriffspunkt der Intervention: Schnittstelle zwischen Mensch und Umwelt
- Wertbasis: Menschenrechte sozialer Gerechtigkeit

Über die Philosophie, Ethik oder allgemeine Werte hinausgehend bezieht sich der IFSW/IASSW auf das Recht, hier insbesondere die Menschenrechte sowie daraus resultierende internationale Übereinkommen. Rechtsphilosophisch gesehen werden somit ethisch-normative Grundlagen der Gesellschaft in Recht überführt, was die Möglichkeit von Sanktionen bei Verstößen beinhaltet (Kirste 2010).

[11] International Federation of Social Workers (IFSW). International Association of Schools of Social Work (IASSW).

Als Prinzipien werden genannt: Menschenrechte, Menschenwürde und Soziale Gerechtigkeit. Der Punkt Menschenwürde und Menschenrechte umfasst in Bezug auf Klienten:

- Recht auf Selbstbestimmung
- Recht auf Beteiligung
- Ganzheitliche Behandlung
- Stärken erkennen und entwickeln

Der Punkt Soziale Gerechtigkeit umfasst:

- Negativer Diskriminierung entgegentreten
- Verschiedenheit anerkennen
- Gerechte Verteilung der Mittel gemäß den Bedürfnissen
- Ungerecht politische Entscheidungen und Praktiken zurückweisen
- Solidarisch arbeiten (einbeziehende Gesellschaft fördern)

Die Prinzipien konkretisieren sich in beruflichem Verhalten. Diese umfasst im Einzelnen:

- Aufrechterhaltung der Fähigkeiten und Fertigkeiten
- Ablehnung des Missbrauchs der Fertigkeiten für inhumane Zwecke (z.B. Folter)
- Redlich handeln; keine Ausnutzung der Stellung zu persönlichem Vorteil; Grenzziehung zwischen privatem und beruflichem Leben
- Einfühlungsvermögen und Achtsamkeit
- Die Bedürfnisse der Klienten nicht eigenen Bedürfnissen unterordnen
- Pflicht für sich selbst Sorge zu tragen, um die Dienstleistung erbringen zu können
- Vertraulichkeit von Informationen; Ausnahmen nur bei höheren Interessen (Schutz von Leben usw.).

## 2.4. Besonderheiten einer Ethik Klinischer Sozialarbeit

Die berufsethischen Prinzipien der Zentralstelle für Klinische Sozialarbeit heben den Aspekt der individuellen Hilfe stark in den Vordergrund. Dabei werden spezielle Probleme des Gesundheitssystems, der Kassenfinanzierung sowie der psychosozialen Beratung angesprochen. Insgesamt steht die Rahmung der professionellen Beziehung zwischen Klinischen Sozialarbeitern und Klienten im Fokus. Hier liegt eine klare Differenz zu den Berufsethiken des DBSH und der IFSW/IASSW vor. Diese nehmen einen breiteren Fokus ein und thematisieren stärker die gesellschaftlichen und kulturellen Rahmenbedingungen. Dabei ist soziale Gerechtigkeit ein Zentralwert der Ethik des DBSH und der IFSW/IASSW.

Kritisch in Bezug auf die berufsethischen Prinzipien der Zentralstelle für Klinische Sozialarbeit ist hervorzuheben, dass das Proprium Sozialer Arbeit – die Wechselwirkung zwischen Mensch und Umwelt - in der Durchführung dieser Berufsethik im Hintergrund bleibt. In den einführenden Darlegungen (Programmatik bzw. Präambel) wird eine Orientierung an den Grundwerten der Sozialen Arbeit jedoch ausdrücklich formuliert. Von daher können die berufsethischen Prinzipien der Zentralstelle für Klinische Sozialarbeit auch als eine Ethik der Detaillierung und Spezifizierung in Bezug auf Klinische Sozialarbeit begriffen werden. Grundwerte wie Ganzheitlichkeit und die Bezugnahme auf die Schnittstelle zwischen Individuum und Gesellschaft (Wechselwirkung) müssen dann ergänzend zu einer spezifischen Ethik Klinischer Sozialarbeit hinzugenommen werden. Hierzu dient die entsprechende Berücksichtigung der Ethiken des DBSH und der IFSW/IASSW.

## 3. Zentrale Werte Klinischer Sozialarbeit im Kontext ethischer Theorien

Moralische Werte, die in den Ethikkodes der Sozialen Arbeit eine zentrale Stellung einnehmen, bedürfen der Interpretation, um eine adäquate Umsetzung in die Praxis sicherzustellen. Im Folgenden werden zentrale Werte berufsethischer Prinzipien im Kontext ethischer Theorien dargelegt. Dieses Vorgehen rechtfertigt sich dadurch, dass ein tiefergehendes Verständnis dieser Werte nur möglich ist, wenn der theoretische Rahmen, dem sie zugehören, entfaltet wird.

So kann beispielsweise ein Begriff wie Selbstbestimmung nicht losgelöst von einem theoretischen Rahmen sinnvoll definiert werden. Man könnte prima facie Selbstbestimmung so auffassen, dass dieser Begriff besagt, dass jeder das tun solle, was er seinen unmittelbaren Impulsen nach will. Aber was ist dann mit dem Jugendlichen, der in hoch aggressiver Verfassung auf einen anderen einschlägt? Hat er selbstbestimmt gehandelt? Schon vom alltäglichen Verständnis her sind wir hier skeptisch und würden sagen, dass diese Definition wohl zu kurz greift. In der Diskussion der Grundbegriffe im Laufe der Philosophiegeschichte haben sich verschiedene Verständnisweisen einzelner Begriffe gebildet. Dies geschah mit sehr unterschiedlichem Anspruch. Ein Verständnis, das Selbstbestimmung mit dem gleichsetzt, was unmittelbar gewollt wird, ist eher schlicht und bedarf keiner aufwendigen Erläuterung. Bereits in den sokratischen Dialogen werden solche Verständnisweisen durchgeprobt und im Verlauf der Dialoge als begrenzt erwiesen (Schlittmaier 1998). Andere Definitionen von Selbstbestimmung setzen bereits mehr voraus. So bezieht sich z.B. ein an Epikur angelehntes Verständnis (Hossenfelder 2006) nicht nur auf das, was ich unmittelbar will. Zu überlegen ist vielmehr, was die längerfristigen Konsequenzen meines Tuns sind. Rauchen mag zwar aus gegenwärtiger Sicht ein selbstbestimmter Akt sein, langfristig schadet es mir jedoch. Wenn es mir gelingt, bei meiner Willensbestimmung nicht nur kurzfristig zu denken, sondern auf lange Zeit, dann wird das, was ich wirklich will, durchaus etwas anderes sein als das, was ich kurzfristig – sofort – will.

Aber auch dieses Verständnis greift theoretisch noch nicht tief, da es in der Logik des subjektiven Willens verbleibt. Auch das, was mir langfristig gut tut, ist der Wille meines Egos. Weiter und theoretisch anspruchsvoller sind Definitionen von Selbstbestimmung, die die Vernunft ins Spiel bringen. Hier ist Kants Ethik (Kant 1999, 1982) die maßgebliche Bezugsgröße. Selbstbestimmung liegt hier nur vor, wenn der Wille des Anderen ebenfalls beachtet wird. Selbstbestimmung setzt voraus, dass es nicht nur um die egoistische Wunscherfüllung geht. Im eigentlichen Sinne geht es um eine Orientierung an meiner wahren Natur und diese ist nach Kant eben die Vernunftnatur (Schönecker/Wood 2002). Letztere wirkt begrenzend in Bezug auf mein Ego.

An diesem kurzen Beispiel lässt sich bereits erkennen, dass ethische Begriffe nicht theoriefrei expliziert werden können[12].

Bevor mit der Darlegung einzelner Begriffe begonnen wird, ist noch kurz zu klären, in welchem Verhältnis die Begriffe der Ethik (Wertbegriffe) zu den Theorien der Ethik stehen. Bekannte ethische Theorien sind (Pieper 1985) z.B. die Ethik des Aristoteles, der Utilitarismus, Kants Ethik, die Rawlssche Ethik (Kersting 1993), die Verantwortungsethik oder die Ethik Levinas. Diese auf einen Vertreter oder eine Schule zurückgehenden Ethiken basieren auf bestimmten allgemeinen Grundsätzen (z.B.: gut ist eine Handlung, wenn Sie den Nutzen aller mehrt). Innerhalb dieses Rahmens erhalten bestimmte Grundbegriffe wie Glück, Würde, Wohlergehen eine jeweils spezifische Bedeutung. Man könnte im Sinne einer Matrix die Theorien als Zeilen und die Begriffe als Spalten (oder umgekehrt) ansehen.

In einer praxisorientierten Einführung macht es m.E. Sinn, sich an den Begriffen (zentrale Werte) zu orientieren. Dieses Vorgehen findet sich bereits im Alltag und insbesondere in den Berufsethiken. Die Darlegungen zur Berufsethik des DBSH, der IFSW/IASSW sowie der der Zentralstelle für Klinische Sozialarbeit zeigen eine durchgängige Orientierung an diesen Begriffen.

Jeder bringt ein Vorverständnis – wie rudimentär auch immer – mit. Von daher können die Berufsethiken hier ansetzen, ohne das ein Rezipient bereits ein intensives Ethikstudium betrieben haben müsste. Anders wäre es bei einer Bezugnahme auf ethische Theorien. Hier wären umfangreiche Kenntnisse unabdingbare Verständnisvoraussetzung. Somit kann jeder Klinische Sozialarbeiter unmittelbar an den Begriffen ansetzen (auch ohne dezidierte Ethikkenntnisse). Die konkreten Beispiele der Anwendung (z.B. Gestaltung der Beziehung zum Klienten) helfen, die Zentralwerte relativ theoriefrei zu operationalisieren. Auf der anderen Seite entsteht hier, bei der vorschnellen Konkretisierung, jedoch das Problem der Verengung. Bestimmte Grundbe-

---

[12] Hierauf hat u.a. Adorno (1979) in seiner Philosophischen Terminologie hingewiesen. So lasse sich - eines von vielen Beispielen bei Adorno - Spinozas Substanzbegriff gar nicht losgelöst von der entfalteten Theorie definieren.

griffe werden in den Berufsethiken, die notwendig konkret sein müssen, sofort auf bestimmte Problemstellungen bezogen (z.B. Datenschutz). Im Rahmen von Konflikten kann es aber immer wieder vorkommen, dass in der Berufsethik nicht konkret angesprochene Sachverhalte auftauchen, für die in der Berufsethik dann keine konkrete Einzelanweisung vorliegt. Hier ist der Praktiker herausgefordert. Er muss den allgemeinen Begriff auf die Praxis anwenden, ohne dass schon die Konkretisierung des Begriffs vorliegt. Dies setzt voraus, dass ein Begriff wie Wohlergehen oder Selbstbestimmung auf mehr angewendet werden kann als nur auf die Konkretisierungen, die in der Berufsethik tatsächlich benannt werden.

### 3.1. Moral, Ethik und Ethische Theorien

Bevor einzelne Begriffe behandelt werden, ist zu klären, was unter Moral, Ethik und ethischen Theorien zu verstehen ist. Die zuletzt genannten Begriffe, liegen auf einer anderen Ebene als die im Folgenden darzulegenden Grundwerte. Sie bilden den grundlegenden Rahmen, innerhalb dessen einzelne Grundwerte auf unterschiedlichen Ebenen (Moral, Ethik, Theorie) behandelt werden können.

Im Vorherigen war schon vielfach von Moral, Werten und Ethik die Rede. Dabei wurde ein alltägliches Begriffsverständnis vorausgesetzt. Dies ist einerseits notwendig (irgendwo muss man immer anknüpfen), anderseits aber auch problematisch, da es diffus ist und im schlimmsten Fall in die Irre führt. Dies zeigt sich z.B. daran, dass im Alltag Moral oft für subjektiv gehalten wir. Jeder hat seine Moral – mehr kann man dazu nicht sagen. In der Diskussion der Postmoderne (Manker/Roesler 2000) ist diese Auffassung en voge, denn starke Begründungen[13] werden nicht als möglich angesehen und ein schwaches Denken wird favorisiert. Alles ist gleichwertig – und dann eben auch die Vielfalt von Wertsetzungen. Moral und Ethik sind eine Frage des Geschmacks.

Interessanterweise wird dieser Subjektivismus nur vertreten, wenn man zur Reflexion über Moral und ihren Status angeregt wird. Soll man sich dagegen zu konkreten Fragen wie z.B. zur Entschuldung von Ländern mit extremen Staatsschulden entscheiden, wird man eher fundamentalistisch dafür oder dagegen sein (Streek 2013). Es ist kaum zu erwarten, dass man hier mit der

---

[13] Vgl. Vatimo (2005)

Relativismusthese antwortet und die Unbegründbarkeit einer Entscheidung zu dieser Frage vertritt. Dies gilt nicht nur für Fragen, die wir der Makrostuktur der Gesellschaft zuordnen, sondern auch für Phänomene, die die Mikrostruktur betreffen wie z.B. die moralische Stellungnahme zu sexuellen Praktiken mit Kindern bzw. Jugendlichen. Hier regieren wir mit einem klaren und entschiedenen Urteil und keinem „sowohl als auch".

Nimmt man die Berufsethik für Klinische Sozialarbeit, kann man ebenfalls leicht feststellen, dass hier – genauso wie in der Berufsethik des DBSH und der Ethik des ISFW/IASSW keine Standpunktbeliebigkeit in Bezug auf Moral und Werte vertreten wird. Die Würde des Klienten ist nicht verhandelbar. Ihr Wert steht nicht sozusagen gleichwertig neben einer Wertvorstellung, die darin besteht den Klienten abhängig zu machen. Unter dieser Voraussetzung muss eine Definition von Moral und Ethik zumindest die Möglichkeit beinhalten, dass Moral und Ethik als nicht beliebig gedacht werden können. D.h., die Würde des Klienten oder seine Autonomie sind eben unbedingte Forderungen und keine beliebigen Setzungen, die auch ganz anders geartet sein können. Eine Definition darf natürlich auch nicht vorentscheiden, ob Werte unbedingt begründbar sind. Dies muss in der ethischen Theorie gezeigt oder erwiesen werden.

Ethik ist die Wissenschaft von der Moral[14] (Nida-Rümelin 1996). Die Moral besteht aus Normen, Wertvorstellungen, geteilten Überzeugungen und verbreiteten Handlungsmustern, denen innerhalb bestimmter Gemeinschaften normative Verbindlichkeit zugesprochen wird (Pieper 1985: 19). Folgt man diesem heute üblichen Verständnis, dann gehören die berufsethischen Prinzipien zur Moral, die für die Gemeinschaft der Sozialarbeiter beziehungsweise Sozialpädagogen Gültigkeit haben. Der Inhalt der Moral läßt sich durch Imperative (z.B. Du sollst...) ausdrücken. Von der Moral sind Konventionen sowie technische und pragmatische Regeln zu unterscheiden.

Konventionen normieren ähnlich wie die Moral menschliches Handeln. Im Gegensatz zur Moral beziehen sie sich jedoch auf Äußerlichkeiten (man gibt die rechte Hand); weiter wird die Befolgung einer Konvention sowie ein Ver-

[14] Diese Definition wird nicht durchgängig verwendet. Vielfach wird der Ausdruck „ethisch" auch mit Handlungen in Verbindung gebracht, die bestehende Wertmaßstäbe aufgrund von Gewohnheit bzw. Erziehung berücksichtigen, wobei deren Befolgung nicht fraglos, sondern durch Einsicht und Überlegung geschieht (Pieper 1985: 19). Dieses Verständnis geht zurück auf die Philosophie des Aristoteles. Da in der Gegenwart Ethik als Wissenschaft von der Moral begriffen wird, wird im Fortgang des Textes auf dieses Verständnis nicht weiter eingegangen.

stoß nicht durch die Differenz gut/böse codiert. Das bedeutet beispielsweise, dass wir einen Menschen, der die rechte Hand gemäß der Konvention reicht, deshalb nicht als einen guten Menschen bezeichnen.

Technische Imperative sind Vorschriften, die hypothetisch[15] gelten; d.h. ich muss sie nur dann befolgen, wenn ich das Ziel will, das durch sie erreicht werden soll. So muss ich beispielsweise mein Motoröl regelmäßig nachfüllen. Dieser Imperativ gilt aber nur, wenn mir daran gelegen ist, dass mein Motor funktionstüchtig bleibt. Pragmatische Imperative beziehen sich auf den menschlichen Lebensentwurf. Sie sind ebenfalls hypothetischer Natur. Liegt mir meine Gesundheit am Herzen, dann darf ich nicht rauchen. Das Verbot des Rauchens gilt jedoch nur hypothetisch, d.h. unter der Voraussetzung, dass ich meine Gesundheit erhalten möchte.

Moralische Vorschriften gelten bezogen auf eine Gemeinschaft unbedingt. So ist beispielsweise kein Umstand denkbar, der die Vorschrift „Kinder dürfen nicht sexuell mißhandelt werden" aufhebt (Baum 1996). Im Gegensatz zur Vorschrift sich gesund zu erhalten, zielt die Vorschrift, Kinder nicht zu missbrauchen, nicht auf mich selbst, sondern auf einen anderen. Gleichzeitig berührt sie nicht nur das Glück oder die Gesundheit, sondern den Kern der Persönlichkeit. Moralische Vorschriften richten sozusagen eine absolute Grenze auf. Ich darf den anderen in seiner Würde nicht verletzen. Er ist von absolutem Wert und es ist mir unbedingt verboten diesen personalen Kern anzutasten.

Baum (ebd.) folgt in seiner Definitionen der Moral einem Kantianischen Theorietypus. Die Problematik ist hier, dass diese Definition nicht offen ist gegenüber der Möglichkeit eines Subjektivismus oder Relativismus. Wie zu Beginn der Überlegungen zur Moral gezeigt, darf eine Definition nicht vorentscheiden, was die entfaltete Theorie erst zeigen soll. Man könnte Moral auch einfach als Überzeugungssystem ansehen, das jederzeit faliabel ist. Das Problem wäre dann aber die Abgrenzung z.B. zu Konventionen.

Aus diesem Dilemma gibt es nur den Ausweg, dass man sich an das Selbstverständnis der Akteure hält. In unserer Kultur wird eben ein bestimmter Be-

---

[15] Hypothetisch heißt: Wenn man eine bestimmte Annahme als gültig setzt, dann folgt… Die Folgerung ist jedoch nur dann wahr, wenn die Annahme akzeptiert wird. Die Annahme selbst ist nicht beweisbar. So ist z.B. nach Kant Glück oder Gesundheit keine moralische Pflicht (etwas, was ich unbedingt als Ziel anerkennen muss), sondern etwas, was wir immer schon – quasi naturhaft – verfolgen. Es kann aber nicht als absolut gültig verordnet werden.

reich von Vorschriften als nicht verhandelbar angesehen. Dies wäre dann in einer ersten Annäherung der Bereich der Moral. Dass diese Vorschriften im absoluten Sinne[16] nicht verhandelbar sind, ist damit in keiner Weise zum Ausdruck gebracht. Dies wäre allemal nur Endpunkt einer ethischen Theorie wie wir sie z.B. in der Ethik Kants finden. Diesen Endpunkt – die Absolutheit bestimmter Vorschriften – in die Definition zu nehmen, würde das überspannen, was eine Definition leisten kann.

Ethik als Wissenschaft befaßt sich mit der Moral als ihrem Gegenstand. Dabei sind grundsätzlich drei Betrachtungsweisen zu unterscheiden (Nida-Rümelin 1996):

- Beschreibung und Erklärung der tatsächlich vorhandenen Moral (= empirische Ethik). Dieser Typ von Ethik gehört nicht zur Philosophie; er ist Teil der empirischen Wissenschaften (z.B. Moralpsychologie).
- Bewertung und Begründung von Moral (= normative Ethik). Dieser Typ der Ethik ist ein Teilgebiet der Philosophie.
- Untersuchung zur Bedeutung moralischer Begriffe (z.B. gut, sollen) insbesondere in der Alltagssprache sowie Analyse der Begründung moralischer Prinzipien im Rahmen der normativen Ethik (= Metaethik).

Die empirische Ethik erfasst nur, was de facto vorliegt. Weiter fasst sie dieses zusammen und liefert ggf. Erklärungen. Erklärungen geben an, warum etwas so ist, wie es ist. Dabei muss immer ein allgemeines Gesetz die Grundlage bilden. Also z.B.: Ein Stein fällt nach unten, weil er angezogen wird. Die Ursache ist die Anziehung. Diese kann es aber nur geben, weil es ein allgemeines Gesetz gibt, in diesem Fall das Fallgesetz. In der empirischen Ethik werden Fakten über Moral erfasst und ggf. organsiert (z.B. verdichtet). Man könnte sich hierzu der Methoden der qualitativen Sozialforschung bedienen, die nicht normativer Natur sind[17]. Weiter könnte man Abhängigkeitsbeziehungen formulieren, in dem Sinne, dass allgemeine kulturelle Werte die Moral prägen (und umgekehrt). Meist gelingt es in den Sozialwissenschaften nicht allgemeine Gesetze zu formulieren, die dem Fallgesetz analog wären (Adorno 2003).

---

[16] Gemeint ist, dass die Norm nicht kulturrelativ ist, dass sie den Status einer absoluten Gültigkeit für alle Menschen hat.

[17] Qualitative Methoden erfassen z.B. die Struktur eines Gegenstandes; sie machen keine Aussagen darüber, was der Fall sein soll oder, was der Gegensand von sich aus fordert.

Im Folgenden wird nur noch die normative Ethik thematisiert werden. Theorien der normativen Ethik unterscheiden sich von empirischen Theorien[18] dadurch, dass sie ihren Gegenstand nicht nur beschreiben und erklären. Ihr Interesse liegt primär in der wertenden Auseinandersetzung mit bestehenden moralischen Wertungen. D.h., normative Ethik nimmt wertend Stellung zur de facto existierenden Moral. Dabei bedient sie sich philosophischer Methoden (Pieper 1985: 108 ff.).

Es wurde oben bereits darauf hingewiesen, dass berufsethische Prinzipien den Kern der Moral Klinischer Sozialarbeit bilden. Normative Ethik hat in Bezug auf berufsethische Prinzipien die Funktion, sie über das Alltagsverständnis hinausgehend zu klären und von elementaren ethischen Überlegungen ausgehend zu begründen. In der Geschichte der Ethik finden sich unterschiedliche Ansätze normativer Ethik, die im Folgenden auf zentrale berufsethische Prinzipien bezogen werden.

## 3.2. Menschenwürde

In den berufsethischen Prinzipien der Zentralstelle für Klinische Sozialarbeit (Präambel) wird Würde als erster Grundwert der Sozialen Arbeit genannt. In den berufsethischen Prinzipien des DBSH heißt es: „In der Würde der Person erfährt das Handeln der Mitglieder des DBSH seine unbedingte und allgemeine Orientierung."

Was ist unter Würde zu verstehen? Man unterscheidet zwischen der Würde, die einem Amtsträger aufgrund seiner Funktion und der Würde, die einem Menschen als Menschen zukommt (Spaemann 2001: 107 ff.). Erstere kann erworben und wieder verloren werden. Ein Amt beinhaltet eine Würde. Diese beinhaltet in Bezug auf den Amtsträger bestimmte Erwartungen. Werden sie erfüllt, spricht man von einer würdigen Amtsführung. Im Gegensatz zu dieser funktionsbezogenen Würde kann die Würde, die der Mensch aufgrund seines Menschseins hat, ihm von niemandem genommen werden. Wird ein Mensch beispielsweise gefoltert, wird ihm dadurch nicht seine Menschenwürde genommen; er ist vielmehr Bedingungen ausgesetzt, die seiner unverlierbaren Menschenwürde widerstreiten. Die Menschenwürde ist eine undefinierbare,

[18] Empirische Theorien sind Theorien, die auf Erfahrung basieren. Sie beschreiben und erklären ihren Gegenstand und bedienen sich bei der Erkenntnisgewinnung primär sogenannter empirischer Methoden (z.B. Beobachtung, Befragung, Experiment usw.)

einfache Qualität (Spaemann 2001: 109); sie stellt einen Minimalbegriff dar, der ein letztes, unhintergehbares Element des Selbstseins meint. Die Menschwürde besitzt normativen Charakter, da sie eine Grenze in Bezug auf das Handeln anderer Menschen darstellt, die nicht überschritten werden darf.

Wodurch begründet sich die Würde des Menschen? Die Menschenwürde erfuhr ihre klassische – heute noch gültige – Begründung durch Kant. Nach Kant ist der Mensch ein freies Wesen, das sich unter sein eigenes Gesetz stellt. Der Mensch ist vom Naturzwang freigesetzt; er kann zwischen Alternativen frei entscheiden. Diese Fähigkeit verleiht ihm jedoch noch nicht die ihm eigene Würde. Die Freiheit, sich für Beliebiges zu entscheiden, ist für Kant Willkürfreiheit. Freiheit im eigentlichen Sinne kommt erst zustande, wenn der Mensch sich am Gesetz der praktischen Vernunft orientiert. Dieses besagt, dass man nur solchen Handlungsregeln folgen soll, die verallgemeinerbar sind. Dieser praktische Grundsatz, der als kategorischer Imperativ in die Geschichte der Philosophie eingegangen ist, fordert von jedem Menschen zu überprüfen, ob eine Handlung einer Regel folgt, an die sich alle Menschen halten sollen. Die Fähigkeit des Menschen, sich von seinen unmittelbaren Antrieben zu distanzieren und seine Entscheidungen auf der Basis einer vernunftgeleiteten Reflexion zu fällen, macht nach Kant die besondere Würde des Menschen aus (Kant 1982).

Diese Begründung der Menschenwürde wird heute durchaus auch kritisch gesehen. Impliziert sie nicht einen Dualismus, einen Idealismus und einen Speziezismus? Kant hat den Menschen als Bürger zweier Welten bezeichnet. Gerade unsere Fähigkeit das höchste moralische Gebot zu erkennen, enthebt uns der empirischen Welt. Ist so etwas heute, angesichts der Dominanz einer Erklärung unserer kognitiven Fähigkeiten auf Basis der Gehirnfunktionen nicht obsolet? Kants Gewissensbegriff ist kein empirisches Faktum. Er ist der Einschlag des Absoluten in die empirische Welt. Und grenzt Kants Begriff der Würde den Menschen nicht übermäßig vom Tier ab. Mit welchem Recht beanspruchen Menschen eine Würde, ein absolutes Schutzrecht, das sie keinem Tier zubilligen. Ist hier nicht eine Rekonstruktion angemessen, die Würde als konstruktive Setzung begreift. Die Menschen haben Würde, weil sie sich als würdig definieren oder würdig begreifen wollen. Eine solche Begründung der Würde fällt aus dem Rahmen eines traditionellen Essentialismus heraus. Es gibt kein vorab existierendes Wesen des Menschen (z.B. seine Vernunftfähigkeit, die nicht empirisch ist), das ihn über die sonstige Welt hinaushebt. Auf der anderen Seite: Ist nicht gerade unsere menschliche Fähigkeit, uns zu konstruieren, in eine Distanz zu dem zu gehen, was wir tatsächlich sind, ein Kantianismus auf höherer Stufe? Ist nicht bereits Sartre (2000) in diese Aporie geraten als er den Menschen als absolut frei definiert und dann begründen muss, warum wir die Freiheit des Anderen eben auch achten müssen. Kann ich nicht meine eigene Freiheit leben, ganz ohne Rücksicht auf den anderen. Sartre weist hier ebenfalls das Bild, das wir von uns haben möchten, als entscheiden aus. Wie möchten wir gesehen werden? Möchten wir als Klinische Sozialarbeiter gesehen werden, die ihre Klienten achten, die ihnen gegenüber Respekt zeigen usw. oder möchten wir als solche gesehen werden, die den Klienten gegenüber Missachtung zeigen, indem sie bevormundend oder gar zynisch sind? (Habermas 2001)

Was bewirkt die Menschenwürde? Die Menschenwürde bedeutet eine Grenze. Ich darf weder mich selbst noch andere zum Ding, zum Instrument machen. Jeder Mensch ist ein eigener Zweck. Niemand darf den anderen zum bloßen Mittel machen. Dieses Verbot der Instrumentalisierung (Hoerster 2002) verbietet in absoluter Weise den anderen zum Werkzeug zur Erreichung der eigenen Ziele zu degradieren. Das Instrumentalisierungsverbot bildet den Kern der Menschenwürde.

Insbesondere im Kontext der Bioethik wird heftig um die Menschenwürde gestritten (Joerden/Hilgendorf/Thiele 2013). Die zentrale Frage lautet: Kommt jedem menschlichen Wesen – unabhängig von seinem tatsächlichen Zustand - die Menschenwürde zu? Auf diese Frage gibt zwei grundlegend divergierende Antworten: Die traditionelle Position geht davon aus, dass jedem Menschen, unabhängig davon, ob er tatsächlich der Freiheit und Vernunftorientierung fähig ist, die Menschenwürde zukommt. Somit kommt beispielsweise auch geistig Schwerstbehinderten die Menschenwürde zu. Der Schutz ihres Lebens ist oberstes Gebot. Die Gegenposition vertritt die Auffassung, dass die Menschenwürde an bestimmte Bedingungen gebunden ist. Falls diese Bedingung (z.B. Fähigkeit zur Selbstdistanz) nicht mehr gegeben ist, hat der betreffende Mensch keine Menschenwürde mehr. Während die traditionelle Position, die Menschenwürde an die Zugehörigkeit zur Menschengattung bindet, lockert die als zweites genannte Position diese Bindung. Im Bereich der Klinischen Sozialarbeit birgt diese Position immense Gefahren; von daher ist ein ethisch verantwortliches Handeln in der Klinischen Sozialarbeit nur auf der Basis der zuerst genannten Position möglich.

Es dürfte nachvollziehbar sein, dass die zuletzt gemachte Aussage, keine wirklich philosophische Begründung ist. Es kann nicht in einem absoluten Sinne erwiesen werden, dass Menschenwürde ein absolutes Merkmal des

Menschen ist. Wiederum kann hier nur auf das menschliche Selbstverständnis (Habermas 2001) zurückgegangen werden: Wie möchten wir uns selber verstehen? Welchen Begriff des Menschen können wir vor uns selber vertreten? Reicht ein utilitaristisches Verständnis, das den Begriff der Menschenwürde relativiert aus? Der klassische Utilitarist setzt das Glück in das Zentrum der Betrachtung. Der Präferenzutilitarist bezieht sich auf Interessen. Wenn man Glück ins Zentrum setzt, dann geht es nicht darum, dass die Würde von Menschen gewahrt wird, sondern darum, dass das Glück vermehrt wird. Ein einfaches Gedankenexperiment zeigt, dass Menschen sich im Allgemeinen so nicht verstehen wollen. Auf die Frage, ob sie ein Leben wollen, in dem ihr Gehirn dauerhaft elektrisch gereizt wird, so dass sie höchstes Glück erleben, werden die meisten Menschen dies verneinen. Ein von außen indiziertes Glück ist mit Würde nicht vereinbar[19]. Der Präferenzutilitarismus berücksichtigt nur Wesen, die Präferenzen haben können. Klienten, die keine Präferenzen haben, wären demnach irrelevant. Ein Lebensrecht besteht gar nicht. Auch hier ist die Frage, ob Menschen sich so verstehen wollen, ob sie ihr Selbstverständnis ausschließlich und in erster Linie an ein Leben knüpfen wollen, das durch Präferenzen geprägt ist. Was ist hierbei mit unserer passiven Seite, dem Schlaf, der Mattigkeit, der Gleichgültigkeit usw.? Ein strikter Präferenzutilitarismus stößt an Grenzen, da er den Menschen nur in seiner in Form von Kalkülen operierenden Wachdimension erfasst. Gerade die Seite, die Klienten der Klinischen Sozialarbeit charakterisiert, wird durch ein derart an tatsächlich vorhandener Intellektualität orientiertes Menschenbild nicht erfasst.

Liegt in den Grundlagen einer Ethik Klinischer Sozialarbeit nicht ein Widerspruch? Neben der Würde wird Wohlergehen und Gesundheit als zentraler Wert angesprochen (s.u.). Sind Gesundheit, Wohlergehen und Würde nicht streckenweise konträr. Wie gezeigt, möchten wir keine Welt, in der es uns immer wohl ergeht. Wir fordern auch einen Kontext, der Wohlergehen in Würde ermöglicht. Von daher müssen die Begriffe zusammen gelesen werden und situativ zur Anwendung kommen. Konkret könnten Frage resultieren wie: Ist eine schnelle Medikation gegen psychische Krankheiten nicht eine einseitige Priorisierung des Wohlergehens? Ist die Aufnahme einer psychotropen Substanz immer mit der Würde des Menschen, die Selbstsein und Selbstbestimmung beinhaltet, vereinbar (Meyer-Abich 2010)? Entzieht ein

[19] Vgl. Huxley, A.: Der Roman *Schöne neue Welt* beschreibt eine Glücksfabrik in der das Glück durch Erlebnisbeschaffung und Glücksdrogen systematisch organisiert wird. Der Held des Romans bricht aus diesem Zirkel von Manipulation und Zerstörung der Freiheit aus und stellt damit die Grundprinzipien der gesellschaftlichen Organisation der *schönen neuen Welt* in Frage.

Medikament nicht ein Stück weit die Dimension der Selbstbestimmung, weil der Mensch durch die Einnahme[20] psychotroper Substanzen sein psychisches Sein im Sinne eines naturalen Objektseins versteht? Auf der anderen Seite sind aber Situationen denkbar, die gerade die Aufnahme psychotroper Substanzen erfordern. Die Würde kann nicht verlorengehen. Auf der anderen Seite kann ein konkretes Leben das, was an Würde möglich ist, unterbieten. Möglicherweise sind Körpersysteme in eine Eigendynamik geraten, die Freiheit verhindern. Gerade hier kann die Aufnahme von Medikamenten als organischer Katalysator gesehen werden, der das, was den Menschen ausmacht – seine Würde – wieder neu ins Spiel bringt.

Die Menschenwürde wurde nicht nur durch Utilitaristen, Naturalisten oder Evolutionsbiologen in Frage gestellt. Auch von politischer Seite ist der Begriff der Menschenwürde kritisiert worden. Menschenwürde bezieht sich ausschließlich auf weiße Männer, die über Reichtum verfügen. Der Begriff ist sozusagen eine Mogelpackung. Was wie ein Schutzrecht für alle Manchen wirkt, ist in Wahrheit nichts anderes als Schutz für reiche weiße Männer. Schwarze, Arme und Frauen werden dadurch abgehalten, ihre Rechte einzufordern. Die Durchsetzung ihrer Rechte behindert nur das Menschenrecht der reichen weißen Männer. Der slowenische Philosoph Slavoj Zizek (2001) hat in die *Tücke des Subjekts* gezeigt, dass dies eine durchaus einseitige Sichtweise ist, da der Begriff Menschenwürde in den letzten Jahrhunderten die Tendenz hatte, jeweils neue soziale Gruppen zu inkludieren. Dies zeigt sich deutlich an der Kinderrechtskonvention[21] oder der Behindertenrechtskonvention[22] der UNO. Philosophisch gesprochen kann man im Begriff der Menschenwürde ein normatives Potential sehen, dass zuerst abstrakte Gestalt hat und sich dann im Rahmen eines historischen Prozesses schrittweise ins Konkrete einschreibt[23].

Was folgt aus der Menschenwürde für die Klinische Sozialarbeit? Eine Antwort auf diese Frage sollen hier nicht systematisch entwickelt werden. Deshalb sollen hier nur einige Stichpunkte genannt werden:

---

[20] Die Einnahme wäre sozusagen nicht nur eine rein auf der körperlichen Ebene ablaufender Prozess, sondern immer ein durch Deutungen begleiteter Vorgang. Sich selbst psychotrope Substanzen zuzuführen heißt dann auch sich selbst und seine Problematik zu behandeln wie einen Naturvorgang.

[21] http://www.unicef.de/fileadmin/content_media/Aktionen/Kinderrechte18/UN-Kinderrechtskonvention.pdf

[22] http://www.un.org/Depts/german/uebereinkommen/ar61106-dbgbl.pdf

[23] Philosophisch könnte man diesen Prozess im Sinne der Hegelschen Rechtsphilosophie (Hegel 1986) deuten. Das Recht ist zuerst Abstraktion und konkretisiert sich dann in Institutionen und Lebenswelten.

- Die theoretischen Grundlagen der Klinischen Sozialarbeit sind auf ihre anthropologischen und normativen Grundlagen hin zu prüfen. Es ist zu untersuchen, inwieweit Menschenbild und Ethik mit den Implikaten des Begriffes der Menschenwürde übereinstimmen.
- In das Repertoire der Methoden der Klinischen Sozialarbeit können nur Interventionsverfahren aufgenommen werden, die den Menschen nicht ausschließlich als Ding, das manipulierbar, reparierbar usw. ist, verstehen. Sie müssen vielmehr in ihren Grundlagen sowie ihrer praktischen Umsetzung den Klienten als freies, der Vernunft und der Selbstbestimmung fähiges sowie als moralfähiges Wesen begreifen[24].
- Alle Handlungen von Klinischen Sozialarbeitern sind daraufhin zu prüfen, inwieweit sie die personalen Grenzen des Klienten achten. Die Menschenwürde korreliert mit Menschenrechten (Hilpert 1991). Als grundlegend sind hier die elementaren Individualrechte zu sehen, wie sie beispielhaft in der Erklärung der Menschenrechte von 1948 vorliegen. Diese Rechte sind Abwehrrechte, denen Anerkennungspflichten gegenüberstehen. Der Klinische Sozialarbeiter ist Adressat dieser Anerkennungspflichten.
- Neben den Abwehrrechten beinhaltet der Begriff der Menschenrechte auch Anspruchsrechte (ebd.). Diesen korrelieren Fürsorgepflichten. Klinische Sozialarbeiter berücksichtigen in ihrem Handeln, die Fürsorgepflichten, die in bezug auf ihre Klienten bestehen.

### 3.3. Verantwortung

Der Begriff Verantwortung wird in den berufsethischen Prinzipien der Zentralstelle für Klinische Sozialarbeit sehr häufig benutzt. So heißt es unter anderem: „Sie (die Klinischen Sozialarbeiter, d. Verf.) übernehmen Verantwortung für die Folgen ihrer Arbeit... Klinische Sozialarbeiterinnen und Sozialarbeiter tragen eine bedeutsame professionelle Verantwortung, weil ihre Handlungen und Empfehlungen das Leben ihrer Klienten stark beeinflussen können.“ (Prinzip 1)

---

[24] Dieser Punkt wird von Meyer-Abich (2010) in seiner *Philosophie der Medizin* gründlich thematisiert. Dabei geht es um die Frage, ob ein Verständnis, das den Menschen im Sinne Descartes als Objekt begreift, für die Medizin (und damit natürlich auch für die Klinische Sozialarbeit) ein angemessenes Verständnis des Körpers bildet. Müsste der Körper nicht als Leib gesehen werden, wie es z.B. bei dem Phänomenologen Merleau-Ponty der Fall ist (Joerden/Hilgendorf/Thiele, S. 135 ff., 2013).

Die eben zitierten Stellen beziehen sich auf die Verantwortung der Klinischen Sozialarbeiter gegenüber dem Klienten. Eine andere Ebene der Verantwortung spricht die folgende Stelle an: „Wenn ein Konflikt entsteht, ist es ihre primäre Verantwortung, die moralischen Standards des Berufes aufrecht zu erhalten." (ebd.)

Das Verhältnis zwischen Klinischem Sozialarbeiter und Auftraggeber wird folgendermaßen gewichtet. „Klinische Sozialarbeiterinnen und Sozialarbeiter, die Dienstleistungen bereitstellen, die von dritter Seite vergütet werden, übernehmen primär Verantwortung für das Wohlergehen der Klienten." (Prinzip 2)

Klinische Sozialarbeiter übernehmen nicht nur Verantwortung, sondern machen diese innerhalb eines Klientensystems auch transparent: „Wenn Klinische Sozialarbeiterinnen und Sozialarbeiter Dienstleistungen für zwei oder mehr Personen bereitstellen, die eine Beziehung miteinander haben, erklären sie allen Parteien gegenüber die eigene professionelle Verantwortung." (ebd.)

Der Klinische Sozialarbeiter ist nicht nur im Rahmen unmittelbarer Handlungen verantwortlich. Die Verantwortlichkeit erstreckt sich auch auf die Ausbildung seiner sozialarbeiterischen/klinischen Handlungskompetenz: „Klinische Sozialarbeiterinnen und Sozialarbeiter erkennen die Verantwortung an, sich ständig zum Wohle ihrer Klienten weiterzubilden." (ebd.)

Weiter bezieht sich Verantwortung auch auf Tätigkeiten in Lehre und Ausbildung: „Hochschullehrer, Lehrer bzw. Ausbilder, Anleiter, Mentoren und Supervisoren sind sie verantwortlich für die Erhaltung hoher Standards in Objektivität und Ausbildung" (ebd.).

Entsprechend ihrer Ausrichtung lässt sich Verantwortung in verschiedene Typen klassifizieren[25] (Lenk 1997: 84 ff.):

- Kausalhandlungsverantwortlichkeit: Hier handelt es sich um die Wirkungsverantwortung beim Handeln. Ein Handelnder bringt hier ursächlich einen bestimmten Folgezustand zuwege. Dieser Typ der Verantwortung ist in den berufsethischen Prinzipien für Klinische Sozialarbeiter mehrfach angesprochen. Er bezieht sich auf die Klien-

[25] Die sehr differenzierte Untergliederung von Lenk wird an dieser Stelle nur teilweise wiedergegeben.

ten, die in besonderem Maße vom Handeln des Klinischen Sozialarbeiters betroffen sind.

- Betroffenheits-Begegnungsverantwortlichkeit: Dieser Typ ist dadurch charakterisiert, dass er in einer bestimmten Begegnungssituation der Hilfsbedürftigkeit aktiviert wird.
- Fürsorglichkeitsverantwortlichkeit: Hier handelt es sich um Verantwortung, die sich auf Macht und Abhängigkeit bezieht. Auch dieser Verantwortungstyp wird im Code of Ethics angesprochen. Klienten sind vielfach abhängig von der Macht des Experten, dem Klinischen Sozialarbeiter.
- Rollen- und Aufgabenverantwortung: Hier geht es um Berücksichtigung der Standards des Berufes. Dabei ist eine mehr oder weniger spezifizierte Rolle auszufüllen, deren Erfüllung eine verantwortliche Aufgabe ist.
- Fähigkeitsverantwortung: Dieser Typ hebt darauf ab, dass man verpflichtet ist, seine Fähigkeiten so auszubilden, dass man in der Lage ist, seine berufliche Aufgabe auch angemessen auszuüben (z.B. Verpflichtung zur Weiterbildung).
- Metaverantwortlichkeit: Hier geht es in Lenks Konzept darum, dass Ethiker Ethiken entwickeln sollen, die einen Beitrag zum verantwortlichen Handeln leisten (ebd.: 85). In Bezug auf die Klinische Sozialarbeit kann man diesen Verantwortungstyp so modifizieren, dass die Verantwortung, der Lehre und Wissenschaft in Bezug auf verantwortbares Handeln in der Praxis thematisiert wird. Weiter kann auch der Bezug zur ethisch verantwortbaren Theorieentwicklung hergestellt werden[26].

Die Bedeutung des Verantwortungsbegriffs hat in der Gegenwart enorm zugenommen (Kodalle [Ethik Grundkurs] 1996). Die Möglichkeiten des Menschen auf natürliche, gesellschaftliche und psychische Prozesse Einfluss zu nehmen, sind in der Moderne in einem für traditionelle Gesellschaften unvorstellbaren Ausmaß angewachsen. Von daher bekommt die Verantwortung des Menschen einen ständig wachsenden Stellenwert. Dies gilt nicht nur für den Bereich der Naturwissenschaften – z.B. die Gentechnologie -, sondern auch für den Berech der Humanwissenschaften und letztendlich auch für die Soziale Arbeit. Ihre Methoden werden zusehends stärker spezifiziert und sind in ihrer Effektivität angewachsen. Dem Klinischen Sozialarbeiter steht ein brei-

---

[26] Hier ist wiederum auch die Frage, ob eine Körperkonzeption die von einem reinen Körper-Objekt ausgeht ein adäquates Verständnis bildet, virulent.

tes Spektrum von diagnostischen Werkzeugen sowie von Interventionsmöglichkeiten zur Verfügung. Auch dieser Bereich ist aus traditionellen Selbstverständlichkeiten und Routinen freigesetzt. Von daher muss der Klinische Sozialarbeiter in Bezug auf seine Klienten verantwortlich aus dem breiten Spektrum der Möglichkeiten die geeignete Wahl treffen.

Verantwortung wird meist als vierstellige Relation[27] bezeichnet (nach Pieper). Man unterscheidet innerhalb dieser Relation zwischen (a) dem Träger der Verantwortung, (b) dem Gegenstand der Verantwortung, (c) der Instanz, vor der der Träger verantwortlich ist und (d) den Kriterien, nach denen Verantwortung zugeschrieben wird. Philosophische Konzepte, die zum Verantwortungsbegriff entwickelt wurden, unterscheiden sich dadurch, dass unterschiedliche Gegenstände oder Instanzen der Verantwortung benannt werden. So geht beispielsweise Weischedel davon aus, dass der Mensch vor sich selbst, also vor seinem Gewissen, verantwortlich ist (ebd.). Jonas dagegen lokalisiert die Instanz, vor der wir verantwortlich sind, im Sein, das als werthaft begriffen wird. Levinas wiederum begreift Verantwortung als unmittelbares Ergriffensein durch den anderen, das keiner vermittelnden Instanzen - wie beispielsweise ethischer Prinzipien – bedarf (Lenk 1996: 51 ff.).

In der Klinischen Sozialarbeit ist der Träger der Verantwortung im Allgemeinen der in diesem Bereich professionell Tätige. Gegenstand der Verantwortung sind die Klienten, oder das Klientensystem. Verantwortung bezieht sich auf die innerhalb einer Machtbeziehung schwächeren Glieder. Vor welcher Instanz ist der Sozialarbeiter verantwortlich? Auf diese Frage sind unterschiedliche Antworten möglich. In den berufsethischen Prinzipien der Zentralstelle für Klinische Sozialarbeit werden die beruflichen Standards angesprochen. Dabei handelt es sich jedoch eher um ein Kriterium als um eine Instanz. Als Instanz könnte beispielsweise eine Kammer oder ein vergleichbares Organ, das beruflich Standards vertritt und gegebenenfalls Verstöße negativ sanktioniert, fungieren. Andere Instanzen, die in der ethischen Diskussion häufig genannt werden, sind, da sie in einer pluralistischen Gesellschaft nicht allgemeinverbindlich gemacht werden können, als problematisch anzusehen. So kann Gott als Instanz vor der man verantwortlich ist, nur für gläubige Menschen von Relevanz sein. Analog setzt beispielsweise die nach Jonas bestehende Verantwortung für das Sein eine bestimmte Ontologie vo-

[27] Neben dieser Fassung des Begriffs Verantwortung gibt es weitere, die zusätzliche Relationselemente berücksichtigen (Martin 2001).

raus, die nicht von allen Menschen – z.B. Vertretern des Positivismus[28] – geteilt wird.

Entscheidend für die Praxis der Klinischen Sozialarbeit erscheint somit die Verantwortung gegenüber dem Klienten. Aus dieser Verantwortung ergeben sich andere Ebenen der Verantwortung. Diese sind teilweise abgeleiteter Natur (z.B. Fortbildung, Supervision) und dienen indirekt dem Klienten.

Inwieweit übergeordnete Instanzen der Verantwortung mit metaphysischem Charakter in der Klinischen Sozialarbeit von Relevanz oder positiv zu bewerten sind, ist schwer einheitlich zu beantworten. Aus der geschichtlichen Erfahrung ist bekannt, dass bestimmte Verantwortungsinstanzen durchaus konfliktauslösend und im Widerspruch zur Würde des Menschen sind. Beispiele wären die Verantwortung gegenüber einer als notwendig erkannten historischen Entwicklung der Gesellschaft (z.B. im Marxismus), die Verantwortung gegenüber einem Ruf des Seins (z.B. Heidegger) oder neueren Datums einem Wahrheitsereignis (Badiou 2003). Maßgeblich ist hier immer der Einschlag eines „ganz anderen" in die banale Alltagswelt. Der Mensch wird durch etwas Größeres aus den gewöhnlichen Routinen seines Alltags gerissen. Dies ist eine transzendente Dimension.

Anklänge an ein derart metaphysisches Verständnis finden sich in Sichtweisen, die Verantwortung gegenüber der Profession oder einer gerechten Gesellschaft ins Zentrum setzen. Auch religiöse ethische Konzepte laufen in diesem Fahrwasser: Z.B. die Verantwortung gegenüber dem Klienten als Resultante eines göttlichen Gebotes (Du sollst…).

In einem heutigen nachmetaphysischen Verständnis von Verantwortung ist der einzelne Klient der dominierende Bezugspunkt. Allerdings kann dieser Bezugspunkt nur das leisten, was er leisten soll, wenn er als Einzelner mit einem Allgemeinen verknüpft wird. D.h., ohne Bezug auf Begriffe wie Würde, Menschenrecht o.ä. lässt sich der absolute Wert eines Einzelnen nicht rational nachvollziehbar machen. Auch Levinas Konzept einer Ethik vom Anderen her, kann auf die Bezugnahme auf ein Allgemeines nicht verzichten.

[28] Für Positivisten gilt der naturalistische Fehlschluss; d.h., wenn man von Tatsachen auf Normen oder Pflichten schließt, begeht man einen logischen Fehler. Für den Philosophen Jonas dagegen liegt im Sein selbst ein verpflichtender Charakter. So vertrat Jonas die Position, dass die Existenz der Erde besser sei als deren Nichtexistenz und dass daraus die Pflicht zur Verantwortung für die Erhaltung der Erde folge. Das Sein gebietet also etwas zu tun. Genau dies ist aus positivistischer Sicht der Fehler – es wird vom Sein auf das Sollen geschlossen.

Zwar ist der Andere der Andere und damit der einzelne Andere. Aber den Einzelnen als Anderen zu identifizieren, bedarf es eines allgemeinen Konzepts desAnderen. Der Andere ist hier kein Tatbestand, kein Ding, sondern primär ein Ruf, ein Ruf an mich (hilf mir!), der mich in die Verantwortung zieht.

Deutlich ist hier der Kontrast zur rechtlichen Verantwortung, die sich auf die Einhaltung vorgegebener, durch legale Verfahren zustande gekommener Regeln bezieht. Hierbei ist lediglich regelkonformes Handeln erforderlich, um der Verantwortung Genüge zu tun. Die Verantwortung gegenüber dem Einzelnen als demjenigen, der mich in die Verantwortung ruft, kann weit über das Befolgen juristischer Normen hinausgehen. In Extremfällen kann es auch einen Widerspruch zwischen der Regelbefolgung und dem, was der Einzelne von mir fordert, geben. Gerade Levinas (1906 – 1995) Ethik bezieht sich stark auf diese Konflikte, die er als Jude während des Naziregimes konkret erlebt hat.

### 3.4. Wohlergehen

Die allgemeine Verantwortung Klinischer Sozialarbeiter (Prinzip I) bezieht sich auch auf das Wohlergehen ihrer Klienten. So heißt es in der Ethik der Zentralstelle: „Diese Standards (moralischen Standards des Berufes, d. Verf.) verlangen als vorrangige Pflicht ein Engagement für das Wohlergehen der Klienten." Im Zusammenhang mit der Verantwortung gegenüber Klienten (Prinzip II) wird dies noch einmal unterstrichen: „Klinische Sozialarbeiterinnen und Sozialarbeiter...schützen das Wohlergehen ...ihrer Klienten."

Das Engagement für das Wohlergehen des Klienten bedeutet, dass der Klinische Sozialarbeiter seine Interventionen am Wohl des Klienten orientieren sollte. In Anlehnung an Begriffe der Medizinethik kann eine derartige Grundhaltung kritisch als Paternalismus bezeichnet werden (Zoglauer 2002: 35). Der Begriff des Paternalismus stammt ursprünglich aus der Staatsphilosophie. Der Staat hat nach dieser Auffassung die Aufgabe, sich um das Wohl seiner Bürger ähnlich wie ein fürsorglicher Vater zu kümmern (ebd.). Der Paternalismus bezieht sich auf utilitaristische Prinzipien. Der Utilitarismus (lat.; utilis = nützlich) ist eine ethische Theorie, die besagt, dass eine Handlung dann gut ist, wenn sie das Wohlergehen oder das Glück in optimaler

Weise fördert (Gil 1993: 95 ff.). Dabei bezieht sie sich nicht nur auf den einzelnen, sondern auf alle, die von einer Handlung betroffen sind.[29]

Wenn Klinische Sozialarbeiter das Wohl ihrer Klienten ins Zentrum ihres Handelns stellen, müssen sie sich fragen, ob Interventionen für ihre Klienten förderlich sind. Hierbei müssen sie eine Vorstellung darüber, was das Wohlbefinden von Klienten erhält oder verbessert, voraussetzen. Ein derartiges Konzept beansprucht eine objektive Perspektive zu sein.[30] Hierbei kann es sich beispielsweise um eine Liste elementarer menschlicher Funktionsfähigkeiten handeln, die als Voraussetzung für Wohlbefinden angesehen werden können. Eine derartige Liste wurde von der kommunitaristischen Philosophin Martha Nussbaum[31] entwickelt (Reese-Schäfer 2001: 65 ff.). Nussbaum orientiert sich am Aristotelismus. Ausgangspunkt ist die Vorstellung, dass trotz der Historizität und sozialen Bedingtheit des Menschen keine alles erfassende Relativität vorliegt. Es gibt in Bezug auf den Menschen zentrale Grundfunktionen die ein gelungenes Leben ermöglichen. Der Versuch derartige Grundfunktionen wiederum zu relativieren – ein in der zeitgenössischen Philosophie vielfach unternommener Versuch –, ist nach Nussbaum abzulehnen. Unabhängig von aller historischen und kulturellen Relativität lassen sich Grundfunktionen feststellen, die zeit- und kulturabhängig als Voraussetzung eines guten Lebens gelten können. Im Folgenden werden zentrale Grundfunktionen aus der Liste dargelegt:

- Fähig zu sein, bis zum Ende...leben zu können; nicht frühzeitig zu sterben...
- Fähig zu sein, eine gute Gesundheit zu haben...
- Fähig zu sein, unnötigen und unnützen Schmerz zu vermeiden und lustvolle Erlebnisse zu haben.
- Fähig zu sein, die fünf Sinne zu benutzen; fähig zu sein, zu phantasieren, zu denken und zu schlussfolgern.

---

[29] Hier handelt es sich um das sogenannte Sozialprinzip (Baum 1996). Gemäß diesem Prinzip ist der Utilitarismus keine egoistische Ethik, sondern eine Ethik, die sozialmoralische Verpflichtungen berücksichtigt.

[30] Natürlich kann sich aufgrund neuer empirischer Erkenntnisse die Vorstellung darüber, was notwendig ist, um Wohlbefinden zu befördern, verändern. Bis auf weiteres beansprucht das vom Klinischen Sozialarbeiter unterstellte Konzept jedoch Gültigkeit und kann somit als objektiver Maßstab zur Beurteilung dessen, was dem Klienten zuträglich ist, angesehen werden.

[31] Martha Nussbaum (* 1947) ist Professorin of Law and Ethics an der Universität of Chicago. Sie war an einem UNO-Institut für Entwicklungspolitik in Helsinki tätig und hat sich intensiv mit Fragen der Lebensqualität befaßt (Reese-Schäfer 2001: 66).

- Fähig zu sein, Bindungen zu Dingen und Personen außerhalb unserer selbst zu unterhalten; diejenigen zu lieben, die uns lieben und sich um uns kümmern...in einem allgemeinen Sinne zu lieben und trauern sowie Sehnsucht und Dankbarkeit empfinden zu können.
- Fähig zu sein, sich eine Auffassung des Guten zu bilden und sich auf kritische Überlegungen zur Planung des eigenen Lebens einzulassen.
- Fähig zu sein, zu lachen, zu spielen und erholsame Tätigkeiten zu genießen.
- Fähig zu sein, das eigene Leben und nicht das von irgendjemand anderem zu leben.
- Fähig zu sein, das eigene Leben in seiner eigenen Umwelt und in seinem eigenen Kontext zu leben (Nussbaum zit. nach ebd. 71 f.).

Die genannten Grundfunktionen können für Klinische Sozialarbeiter eine Orientierung bilden, zentrale Faktoren zur Förderung menschlichen Wohlbefindens zu erfassen. Zudem bieten sie Ansatzpunkte für Interventionen die sich auf das Wohlbefinden von Klienten beziehen. Sie liefern weiter Maßstäbe zur Beurteilung und Kritik von Lebensverhältnissen und überschreiten die Relativität subjektiver Äußerungen[32], indem sie objektive Kriterien menschlichen Wohlbefindens argumentativ ausweisen.

In den letzten Jahren hat insbesondere Otto (Otto/Scherr/Ziegler 2010) dieses Konzept für die Soziale Arbeit stark vertreten. Es ist hochplausibel, sollte allerdings unter philosophischer und ethischer Perspektive auch hinterfragt werden. Ohne Subjektivierung, also die Bestätigung des Einzelnen darüber, dass dies oder jenes genau sein Wohlbefinden ist, kann der bereits erwähnte Paternalismus durch die Hintertür auch bei diesem sehr fundierten Konzept wieder Einzug nehmen. Es ist immer gegenwärtig zu halten, dass Nussbaums Ansatz im Aristotelismus wurzelt. Die aristotelische Philosophie ist eine essentialistische Philosophie. Es gibt eine Seinsordnung; diese ist erkennbar; der Mensch kann in ihr auch seine Stellung und das für ihn Beste erfassen. Von daher ist alles Wesentliche vorgegeben. Es ist eine Frage der wahren Erkenntnis, die dann in Praxis überführt werden soll.

Die Moderne und besonders die Gegenwartsphilosophie erkannten die Kontingenz allen Wissens. Wissen ist abhängig vom Subjekt, seiner Erkenntnis-

[32] Ein Klient könnte beispielsweise nachhaltig tiefere Kontakte meiden. Wenn man seine subjektiven Absichtserklärungen zum einzigen Maßstab machen würde, würde dies bedeuten, dass eine Intervention nicht mehr legitimiert werden könnte.

fähigkeit, seiner historischen Bedingtheit, seiner Stellung innerhalb der Klassengesellschaft, den diversen Diskursen, Interessen usw. Dies schlägt selbstverständlich auch auf die Frage, was gut ist für Menschen und was deren Wohlergehen ausmacht, fundamental durch. Wenn alles relativ ist, wird die Begründung unbedingter Kriterien von Wohlbefinden philosophisch zum fast aussichtslosen Projekt. Von daher wird z.B. in der neueren Glücksphilosophie – z.B. bei Wilhelm Schmid (2012) – das Glück an die subjektive Position angebunden. Niemanden kann ein bestimmtes Konzept des Wohlergehens per se verordnet werden.

Hier ergeben sich schnell schwierige Aporien (Ausweglosigkeiten). Was ist mit Menschen, die sich selbst schaden, aber ihre Lebensweise für sich gut finden? Können Sie zu Änderungen gezwungen werden? Das Recht sieht hier in der Selbst- und Fremdgefährdung absolute Grenzen, die einen Eingriff erfordern. Aber die Grauzone schließt es aus.

Das Wohlergehen ist insbesondere immer nur im Kontext eines anderen Begriffes, eben dem der Menschenwürde zu interpretieren. Letztere setzt die Selbstbestimmung ins Zentrum und es dürfte klar sein, dass die Selbstbestimmung nicht immer das Wohlergehen fördert. Wer nur sein Wohlergehen verfolgen würde, würde nie eine aussichtslosen Liebe verfolgen. Tristan und Isolde wären unter einem absoluten Prinzip des Wohlergehens nicht möglich. Und ein großer Teil der modernen Literatur wäre nicht denkbar, wenn das Leiden, das mit Selbstbestimmung verbunden ist, nicht auch einen wichtigen Teil des menschlichen Lebens ausmachen würde.

### 3.5. Selbstbestimmung

In der Ethik der Zentralstelle wird Selbstbestimmung als ein weiteres zentrales berufsethisches Prinzip angesprochen: „Klinische...Sozialarbeiter... maximieren die Selbstbestimmung ihrer Klienten.“ (Prinzip II)

Auch in den berufsethischen Prinzipien des DBSH wird Selbstbestimmung als zentraler moralischer Wert verstanden: „Die Mitglieder des DBSH erkennen, respektieren und fördern die individuellen Ziele...der Klientel...“ (3.1)

Das Konzept der Selbstbestimmung bzw. der personalen Autonomie ist ein grundlegendes Konzept der abendländischen Philosophie (Zoglauer 2002: 34), das in der Moderne zum Leitprinzip wird. Es beinhaltet insbesondere das

Recht auf Privatsphäre und das Recht auf Freiheit der Person. Konkret bedeutet das: Niemand kann einem anderem vorschreiben, wie er zu leben hat; jeder kann selbst in Freiheit entscheiden, was er tut.

Das Prinzip der Selbstbestimmung läßt unterschiedliche Interpretationen zu (Irrgang 1995: 75 ff.):

- Selbstbestimmung im Sinne des *Emotivismus*: Stimmungen, Neigungen und subjektive Auffassungen einer Person werden hier als gültige und zu akzeptierende Entscheidungsgrundlage angesehen. Der Sozialarbeiter ist nach diesem Verständnis von Selbstbestimmung nicht berechtigt, Entscheidungen des Klienten zu hinterfragen. Ein rationaler Maßstab zur Beurteilungen von Handlungsentscheidungen liegt gemäß dieser Position nicht vor.
- Selbstbestimmung im Sinne *moralischer Autonomie*: Entscheidungen können nach dieser Auffassung nur anerkannt werden, wenn sie sich vernünftig, d.h. als verallgemeinerungsfähig in einem Diskurs ausweisen lassen. Der Sozialarbeiter wäre demgemäß nicht verpflichtet, jede Entscheidung eines Klienten kritiklos anzuerkennen. Der Klient ist vielmehr verpflichtet, seine Entscheidung als moralisch vertretbare Entscheidung zu begründen.

Selbstbestimmung im Sinne moralischer Autonomie beinhaltet einen anspruchsvollen Begriff von Freiheit. Es geht hier nicht nur darum, daß man beliebige Entscheidungen fällen kann, sondern um die Möglichkeit Entscheidungen unabhängig von äußeren Zwängen, d.h. nur von der *eigenen* Vernunft gleitet, zu fällen. Vernunft wird hier nicht in einem instrumentellen bzw. zweckrationalen Sinn verstanden. Es geht nicht um die Erreichung egoistischer Interessen. Vernünftig sind vielmehr Entscheidungen, wenn sie sich:

- argumentativ vor den Beteiligten und Betroffenen ausweisen lassen.
- verallgemeinert werden können, d.h., ich die Auffassung vertreten kann, daß auch andere Menschen unter vergleichbaren Bedingungen gleich entscheiden sollten.
- Der Selbstzweckcharakter des Menschen berücksichtigt wird, d.h., daß ich selbst oder der andere nicht nur als Mittel, sondern auch als Wert an sich selbst gesehen werde.

Insbesondere das Prinzip des Wohlergehens und das Prinzip der Selbstbestimmung können immer wieder in Konflikt treten. Dies gilt vor allem dann, wenn Selbstbestimmung im Sinne des Emotivismus interpretiert wird. Beispielsweise gäbe es keine Legitimation einen Klienten bei selbstgefährdenden Handlungen zu schützen, wenn die Selbstbestimmung im Sinne des Emotivismus als oberstes Prinzip fungieren würde[33] .

Die moralischen Konfliktsituationen, die sich hier ergeben, lassen sich entschärfen, wenn man Selbstbestimmung im Sinne moralischer Autonomie versteht. Es stellt sich jedoch in der Praxis die Frage, wie sich ein anspruchsvolles Freiheitsprinzip auf den Einzelfall beziehen lässt. Was bedeutet moralische Autonomie in einer konkreten Situation? Welche Entscheidungen von Klienten sind respektieren und welche Entscheidungen müssen als abzulehnende Willkürentscheidung angesehen werden.

Hier bedarf es ethischer Maßstäbe. Was darf der Einzelne? Wie weit kann und soll sein Spielraum reichen? Wo müssen Grenzen gezogen werden? Antworten auf diese Fragen sind immer schwierig, weil ein tiefgehendes philosophisches Denken hier auf viele Ambivalenzen stößt, die nur durch Beliebigkeit einseitig aufgelöst werden können. Schon Antigone stand vor dem Problem, ob sie ihren Vater begraben darf oder dem neuen Gesetz des Bruders gehorchen müsse (Heidenreich 2011), der dies verbietet. In der Gegenwart verschärft sich die philosophisch immer schon vorhandene Ambivalenz, da sie gesellschaftlich und politisch in hohem Maße gefördert wird. Die Pluralität der Werte und Normen ist selbst ein ethisches Gut, dass in einer demokratischen Gesellschaft unantastbar ist. Zugleich schafft dies hohe Verunsicherung. Dies wird exzessiv dadurch verschärft, dass vielfältigste Lebensmuster als möglich und als zur Normalität gehörig medial vermittelt werden. Diese immense Pluralität wirkt sich auf das, was als Möglichkeit der Selbstbestimmung toleriert wird, stark ausweitend aus. Von daher kann heute ein Stoppschild kaum so schnell aufgestellt werden wie vor 30, 40 oder 50 Jahren. Kants Autonomiebegriff als philosophischer Begriff ist hier wiederum in einen hermeneutischen Prozess hineingezogen, d.h. er wird – obwohl vom Buchstaben her seit seiner Formulierung Ende des 18 Jh. identisch – immer wieder dem Geist nach neu ausgelegt. Was vernünftig ist, wo die Grenzen der Selbstbestimmung sind und wo das Recht des Anderen beginnt, ist historisch

---

[33] Wie soll sich beispielsweise ein Streetworker verhalten, der Jugendcliquen betreut, die illegale Drogen konsumieren? Soll er im Sinne eines umfassenden Selbstbestimmungsrechts hier jede Beeinflussung unterlassen oder sollte er im Interesse des Wohlergehens, das auch die langfristigen sozialen und gesundheitlichen Folgewirkungen berücksichtigt, intervenieren?

durchaus variabel. Dies schlägt auch auf eine Berufsethik wie die der Klinischen Sozialarbeiter durch. Nur durch andauernde Diskussion der ethischen Grundbegriffe und der Frage nach der Bedeutung im philosophischen Kontext und in der gegenwärtigen Gesellschaft kann ein Anwendungsbezug der Berufsethik sichergestellt werden.

Das Prinzip des informieren Einverständnisses (informed consent) kann eine Operationalisierung des Begriffes der moralischen Autonomie leisten. Daraus ergeben sich für die Praxis Hilfestellungen bei Bewältigung moralischer Dilemmata.

### 3.6. Informed consent

Das informierte Einverständnis ist ein weiteres zentrales Prinzip von Ethikkodes. Der DBSH fordert von seinen Mitgliedern: „Die Mitglieder des DBSH informieren ihr Klientel über Art und Umfang der verfügbaren Dienstleistungen sowie über Rechte, Verpflichtungen, Möglichkeiten und Risiken der sozialen Dienstleistungen und schließen darüber einen Kontrakt." (3.2) In der Ethik der Zentralstelle für Klinische Sozialarbeit heißt es: „Klinische Sozialarbeit findet innerhalb eines Kontextes von Informiertheit und Konsens statt. Dies verlangt, daß die Klienten über Art und Ausmaß der Dienstleistung informiert sind und die gegenseitigen Grenzen, Rechte, Möglichkeiten und Pflichten kennen, die mit der Bereitstellung dieser Dienstleistungen verbunden sind. Damit ein solcher Konsens zustande kommt, müssen Klienten in für sie erkennbarer und nachvollziehbarer Weise informiert werden, so dass sie frei und ohne unangemessene Einflußnahme wählen und entscheiden Können." (Prinzip II)

Durch das informierte Einverständnis soll eine wirklich autonome Entscheidung über die im Sinne des Klienten richtige Intervention erreicht werden (Schramme 2002: 31 ff.). In der Medizinethik wurden folgende Bedingungen formuliert, die als Voraussetzung für ein informiertes Einverständnis angesehen werden. Die hier genannten Bedingungen lassen sich auf die Klinische Sozialarbeit übertragen:

- Kompetenz: Der Klient muss über bestimmte Fähigkeiten (kognitiv, emotional, sprachlich usw.) verfügen. Nur unter dieser Voraussetzung ist es sinnvoll, seine Zustimmung einzuholen.

- Freiwilligkeit: Die Zustimmung darf nicht unter Zwang oder aufgrund vorhergehender Manipulation erfolgen[34].
- Informiertheit: Der Klient ist über die Art der Behandlung sowie sich möglicherweise ergebende Folgen aufzuklären.
- Zustimmung: Eine Intervention darf erst erfolgen, wenn der Klient seine Zustimmung erklärt hat.

Die genannten Bedingungen kann man als Versuch ansehen, willkürliche Entscheidungen bei Klienten weitgehend auszuschließen. Sind die genannten Bedingungen erfüllt, haben Entscheidungen von Klienten den Charakter moralischer Selbstbestimmung. Sie müssen dann die Interventionsentscheidungen von Klinischen Sozialarbeitern leiten. Ausnahmen müßten aufgrund des absoluten Vorrangs andrer Prinzipien begründet werden.

Eine ethisch/philosophische Begründung des Prinzips des informierten Einverständnisses kann die sogenannte Diskursethik liefern (Habermas 1983). Die Diskursethik ist eine Theorie der normativen Ethik, die besagt, dass theoretische und praktische Wahrheit[35] dann vorliegt, wenn seitens aller Beteiligten und Betroffenen eine Zustimmung erfolgt. Bezogen auf die Tätigkeit von klinischen Sozialarbeitern bedeutet dies, dass eine Intervention nach dem Kriterium des informd consent dann erfolgen darf, wenn der Klient unter den oben genannten Bedingungen zugestimmt hat[36].

Die Zustimmung operationalisiert somit die Selbstbestimmung. Allerdings setzt die Zustimmung bestimmte Kompetenzen voraus, z.B. die Einsichtsfähigkeit. Dies bezieht sich wiederum auf intersubjektiv begründbare Sachgehalte. Die Zustimmung ist somit in keiner Weise als rein subjektiv im Sinne einer Beliebigkeit zu werten.

---

[34] Hier ergeben sich im Einzelfall schwierige moralische Fragestellungen. Ist es beispielsweise möglich, dass ein suchtkranker Mensch freiwillig entscheiden kann, angesichts der Tatsache, dass Sucht mit einer zwanghaften Tendenz korreliert.

[35] Theoretische Wahrheit bezieht sich auf Tatsachenaussagen. Praktische Wahrheit bezieht sich auf Normen. Im Falle einer Interventionsentscheidung auf der Basis konfligierender moralischer Prinzipien handelt es sich somit um eine Frage nach praktischer Wahrheit, da es um eine Entscheidung bei einem Konflikt um Fundamentalnormen geht.

[36] Die Fundamentalnorm der Diskursethik, also die Bindung von Wahrheit an Zustimmung, wird im Rahmen der Diskursethik durch einen Rückgang auf die transzendentalpragmatischen Strukturen der Sprache begründet. Auf eine Darlegung dieser Zusammenhänge wird hier verzichtet.

## 3.7. Gerechtigkeit

Der Wert der Gerechtigkeit findet in den berufsethischen Prinzipien des DBSH mehrfach Erwähnung. So heißt es bei der Beschreibung der Ausgangslage in der Berufsethik des DBSH: „In ... der strukturellen Gerechtigkeit verpflichten sie[37] sich auf Werte, die die Einbindung der Person in die Gesellschaft und ihren Schutz in der Gesellschaft sichern.“ (1) Die berufsethischen Prinzipien des DBSH wenden sich unter Bezugnahme auf die Gerechtigkeit gegen jede Art der Diskriminierung: „Die Mitglieder des DBSH begegnen jeder Art von Diskriminierung, sei es aufgrund politischer Überzeugung, nationaler Herkunft, Weltanschauung, Religion, Familienstand, Alter, Geschlecht, sexueller Orientierung, Rasse, Farbe oder...Status.“ (2.1) Einen dezidiert politischen Auftrag erhalten die Mitglieder des DBSH durch 2.5 der berufsethischen Prinzipien: „Die Mitglieder des DBSH treten für die Verwirklichung der Rechte sozial Benachteiligter öffentlich ein. Sie sind gehalten politische Prozesse in Gang zu bringen, mitzugestalten, sowie die hierfür benötigten Kräfte zu mobilisieren.“

In der Berufsethik der Zentralstelle für Klinische Sozialarbeit wird der Wert der Gerechtigkeit in der Präambel angesprochen. Hier heißt es: „Diese Grundwerte (der Klinischen Sozialarbeit, d. Verf.) umfassen...die Verbundenheit mit unserer demokratischen Gesellschaft, die allen ihren Mitgliedern die gleichen Lebenschancen in gerechter und vorurteilsfreier Weise bieten soll, unabhängig von Nationalität, Religion, Geschlecht und ethnischer Zugehörigkeit.“

Der Gerechtigkeitsbegriff lässt sich bis in die Frühgeschichte der Menschheit zurückverfolgen (Höffe 2001). Ursprünglich bedeutete Gerechtigkeit die Einstellung, alles, was Gesetz und Sitte fordern, freiwillig zu erfüllen (ebd.: S. 22 ff.). In der Folgezeit entwickelten sich vielfältige Differenzierungen des Gerechtigkeitsbegriffes, die insbesondere durch Aristoteles begrifflich fixiert wurden. Von zentraler Bedeutung ist die Unterscheidung von *austeilender* und *ausgleichender* Gerechtigkeit (Röd 1994: 182). Die austeilende Gerechtigkeit sichert jedem das, was ihm angemessen ist und geht somit von der Ungleichheit der Menschen aus. Die ausgleichende Gerechtigkeit dagegen behandelt alle gleich und unterstellt somit die unterschiedslose Gleichheit aller. Diese Gerechtigkeit entspricht der Tauschgerechtigkeit.

---

[37] Direkt angesprochen sind hier die Mitglieder des DBSH. Man kann diese Forderung jedoch auf alle Sozialarbeiter bzw. Sozialpädagogen verallgemeinern.

Für die Soziale Arbeit ist die austeilende Gerechtigkeit von zentraler Bedeutung. Sie kann nicht von der unterschiedlosen Gleichheit der Menschen ausgehen, denn de facto liegen Unterschiede vor. Menschen unterscheiden sich durch Status, Vermögen, Einkommen, Bildung usw. Soziale Arbeit als Teil staatlicher Sozialpolitik (Bommes/Scherr 2000) knüpft an diese Ungleichheiten an und stellt Kompensationsleistungen zur Verfügung, um tatsächlich bestehende Ungleichheiten abzumildern. Sie bietet Hilfen, damit bestimmte Bevölkerungsgruppen die ihnen in unserer Gesellschaft rechtlich eröffneten Möglichkeiten auch tatsächlich wahrnehmen zu können (Kerber 1998: 85).

Kerber (ebd.: 83) unterscheidet vier Formen der austeilenden Gerechtigkeit:

- *Besitzstandsgerechtigkeit*: Das, was einem Menschen angemessen ist, wird durch seinen Status definiert. Diese Form der Gerechtigkeit dominierte in der Antike und im Mittelalter. Sie findet prägnanten Ausdruck in der auf Aristoteles zurückgehenden Formel, dass „jedem das Seine“[38] gegeben werden solle (ebd.: 79).
- *Leistungsgerechtigkeit*: Diese Form der Gerechtigkeit ist spezifisch für die moderne Gesellschaft. Das, was jemandem zusteht, leitet sich ab aus der Leistung, die er erbringt. Eine gerechte Verteilung von Einkommen, Vermögen usw. ergibt sich aus dem jeweiligen Beitrag, den der einzelne leistet.[39] Durch Leistungsgerechtigkeit werden bestehende Ungleichheiten vergrößert; zudem wirkt die Leistungsgerechtigkeit trennend und nicht verbindend.
- *Chancengerechtigkeit*: Sie ist Bestandteil der *sozialen Gerechtigkeit* und beinhaltet die Forderung des Abbaus von rechtlichen und sozialen Diskriminierungen[40]. Die tatsächlichen Voraussetzungen der Mitglieder einer Gesellschaft sind unterschiedlich. Beispielsweise sind Kinder aus der sozialen Unterschicht oder Kinder ausländischer Familien, trotz rechtlicher Gleichstellung, de facto aufgrund ihrer Sozialisationsbedingungen benachteiligt. Der strukturelle Auftrag, der der

[38] Die Formel findet sich bei Aristoteles (Rhet. 1366 b 9 ff.). Von den Nationalsozialisten wurde diese Formel mißbraucht. Sie bezog sich dort nicht auf die Strukturen der antiken (freie Bürger, Frauen, Sklaven) bzw. mittelalterlichen Gesellschaft, sondern vorrangig auf das Volk der Juden.

[39] Auch die Notengebung an Schulen folgt dem Prinzip der Leistungsgerechtigkeit. Jeder Schüler erhält – so zumindest das Konzept in seiner Idealform – die Note, die seinen Leistungen entspricht.

[40] Vgl. hierzu die Ausführungen in den Berufsethischen Prinzipien des DBSH zur Diskriminierung (2.1)

Sozialen Arbeit hier zukommt wird – wie oben dargelegt – in den berufsethischen Prinzipien explizit formuliert.

- *Bedürfnisgerechtigkeit*: Diese Form der Gerechtigkeit besagt, dass knappe Güter so zu verteilen sind, dass jedem wenigstens das Existenzminimum sichergestellt wird (ebd.: 86).

Maßgeblich für die Klinische Sozialarbeit sind die Chancengerechtigkeit und die Bedürfnisgerechtigkeit. Dabei ist auch entscheidend wie weit man in seiner Vorstellung bei diesen Begriffen gehen möchte. Z.B. kann man es durchaus als gerecht ansehen, wenn jeder junge Mensch formal gesehen das Recht auf höhere Schulbildung hat. Aus der empirischen Forschung wissen wir jedoch, dass die Voraussetzungen, die jemand mitbringt sehr unterschiedlich sind und sich diese massiv darauf auswirken können, inwieweit man das rechtlich Mögliche auch tatsächlich umsetzen kann. Wenn man die Fähigkeiten des jungen Menschen mit einbezieht, dann müssen, um Gerechtigkeit herzustellen, die Fähigkeiten so gefördert werden, dass er tatsächlich an den Chancen der Gesellschaft partizipieren kann. Klinische Sozialarbeit ist hier eine wichtige Ressource. Sie fokussiert auf Menschen, deren bio-psycho-soziale Problemlagen in besonderer Weise eine Wahrnehmung der Chancen, die innerhalb einer Gesellschaft bestehen, erschweren. Menschenwürde und Selbstbestimmung können nur angemessen realisiert werden, wenn eine angemessene Teilnahme an den verschiedensten Strukturen der Gesellschaft möglich ist.[41] Hier zeichnet sich ein klarer Zusammenhang zwischen den prima facie eher individuellen Werten wie Menschwürde und Selbstbestimmung und dem sozialen Wert der Gerechtigkeit ab. Klinische Sozialarbeit, die die Chancen von Menschen fördert, ist immer auch Gerechtigkeitsarbeit.

In den bisherigen Überlegungen wurde Gerechtigkeit als moralische Norm vorausgesetzt. Wie ist die Forderung nach Gerechtigkeit begründbar und wieweit recht diese Forderung? Der bekannteste Ansatz, der sich mit diesen Fragen beschäftigt, stammt von Rawls. Er geht in einem Gedankenexperiment von einem hypothetischen Urzustand aus (Kersting 1993). Der Sinn und Zweck seines Vorgehens ist – im Sinne der normativen Ethik -, zwei Gerechtigkeitsprinzipien zu begründen. Der Urzustand ist durch einen Schleier der

[41] Die konstruktivistische Systemtheorie fasst diesen Sachverhalt auf Basis der Differenz zwischen Inklusion und Exklusion. Inklusion ist nur möglich, wenn bestimmte Kommunikationen beherrscht werden, die ein „andoggen" an bestimmte Funktionssysteme ermöglichen. Ansonsten tritt Exklusion auf. Die Exklusion aus bestimmten Teilsystemen kann lawinenartig andere Exklusionen nach sich ziehen.

Unwissenheit[42] charakterisiert. Keiner der Beteiligten weiß, welche Position er in der Zukunft innehaben wird. Aufgrund seines eingeschränkten Wissens, stimmt er ausschließlich Gerechtigkeitsgrundsätzen zu, die unabhängig von der eingenommen Perspektive sind. Am Beispiel: Da ich nicht weiß, ob ich nicht in Zukunft ein Asylant in einem Immigrationsland sein werde, werde ich nur Regeln befürworten, die auch für Asylanten akzeptabel sind. Rawls expliziert den Begriff der Gerechtigkeit über den Begriff der Fairneß: Immer wenn in einer fairen Beratung – also unter den Bedingungen des hypothetischen Urzustandes – einer Regel zugestimmt wird, kann sie als gerecht bezeichnet werden.

Von dieser Überlegung ausgehend formuliert Rawls zwei Gerechtigkeitsprinzipien: Das erste besagt, dass jedermann das gleiche Recht auf gleiche Grundfreiheiten hat (Pieper 1997: 102 f.). Das zweite Gerechtigkeitsprinzip legitimiert wirtschaftliche Ungleichheiten, (a) wenn sie den am wenigsten Begünstigten zum Vorteil reichen und (b) mit Ämtern und Positionen verbunden sind, die jedermann prinzipiell offen sehen.

Ethikcodes der Sozialen Arbeit benützen durchgehend den Gerechtigkeitsbegriff. Rawls Theorie ist eine sinnvolle Möglichkeit diesen Begriff, dessen Bedeutung in den Ethikcodes offen bleibt, begrifflich zu präzisieren und als Kriterium zur Beurteilung der Praxis zu operationalisieren.

Neben dem Ansatz von Rawls, der einer sozialliberalen Ausrichtung zuzuordnen ist, sind auch viele andere Begründungen möglich. Besonders prominent sind aktuell nach wie vor postmoderne Ansätze sowie der aristotelische Ansatz (vgl. Sandel, 2013).

Postmoderne Philosophen (Gamm 2009) beziehen sich auf die Differenz. Aus fundamentalen Annahmen über die Sprache und ihre Strukturalität, wird abgeleitet, dass ein jeder Ausdruck nur im Kontext einer Struktur Bedeutung erlangt. Z.B.: Depression bedeutet Depression nicht aufgrund dessen, dass das Wort auf eine Entität (ein Seiendes) verweist, auf eine Substanz (das Depressiv-Sein), sondern Depression erhält seine Bedeutung weil es im Verhältnis steht z.B. zu den Begriffen *Psychose*, *Ängste* usw. Die Nomenklatura (die Gesamtheit möglicher Diagnosen; das Netzwerk der Begriffe) stiftet sozusagen die Bedeutung. Dies ist der strukturalistische Grundgedanke. Die Postmoderne geht nochmals einen Schritt weiter. Die Nomenklatur ist nicht

[42] Veil of ignorance

abschließbar. Die Struktur ist offen. Jedes Zeichen verweist auf ein anderes und erhält seine Bedeutung erst durch die Gesamtheit der Verweisungen. Bei einer offenen, sich ändernden Struktur bedeutet dies, dass nichts je es selbst ist. Indem ich eine Identifikation vornehme, sage ich eigentlich die Unwahrheit, weil in dem kurzen Zeitintervall, dass zwischen X = X stattfindet bereits eine Veränderung stattgefunden hat, also das erste X eben ein anderes ist als das Zweite[43].
Was hat dies mit Gerechtigkeit zu tun? Einmal ist jedes Einzelne einmalig und kann durch einen allgemeinen Begriff nicht erfasst werden. Der allgemeine Begriff ist die Ungerechtigkeit. Dann ist Gerechtigkeit selbst durch einen Ausstand gekennzeichnet. Die Gerechtigkeit vollkommen herzustellen zu wollen, würde in den Totalitarismus führen. Die Gerechtigkeit bleibt ein Ideal, etwas Aufgeschobenes, das zur Gegenwart in einem kritischen Verhältnis steht. Niemand, der kritisiert, kann gezwungen werden, im positiven Sinne zu sagen, wie es sein soll. Gerade die totalitären Exzesse des 20 Jh. haben gezeigt, dass eine Vorstellung, die der Gerechtigkeit im positiven Sinne habhaft werden will, in Terror umschlägt (Badiou 2003).

Die Demokratie stimmt mit diesem Prinzip durchaus zusammen. Die gleichen Lebenschancen sollen in gerechter und vorurteilsfreier Weise geboten werden. Dabei verbietet das demokratische Prinzip eine totalitäre Deutung der Gerechtigkeit (Gerechtigkeit ist genau das und das…). Die Demokratie bedeutet ebenfalls den Aufschub.

In der konkreten Arbeit mit Klienten kann dies heißen, sich kritisch gegenüber deren Einstellungen, Verhaltensweisen und Lebenssituationen zu verhalten, ohne das ein absoluter Maßstab der Gerechtigkeit eingefordert wird. Nach der Berufsethik des DBSH sind politische Prozesse in Gang zu bringen, mitzugestalten, sowie die hierfür benötigten Kräfte zu mobilisieren. Auch aus dieser Zielformulierung wird deutlich, dass es um den Prozess geht, nicht um die Herstellung einer absoluten Gerechtigkeit.

Der Gerechtigkeitsbegriff des Aristoteles bezieht sich auf das, was einer bestimmten Person oder Gruppe zusteht. Dabei ist wichtig, dass dies keine beliebige Setzung ist, sondern der Natur der Sache entnommen wird. Sandel (2012) hat aktuell in seinem Buch *Was man für Geld nicht kaufen kann*

[43] Hier denkt man spontan an Heraklits „Alles fließt“. Man kann nicht zweimal in denselben Fluss steigen, weil das Wasser im Fluss nicht mehr derselbe ist und auch ich mich verändert habe – Zeit ist vergangen. Identitäten sind Fiktionen. Dies gilt auch für das Ich oder Subjekt. Wir sind reiner Fluss (Prozess), ohne Halt (Substanz).

durchgängig Bezug auf Aristoteles genommen. Darf man seine Kinder für gute Schulnoten bezahlen (ihnen Geld dafür geben)? Sandel argumentiert, dass es sich gegen die Natur der Bemühung um gute Noten richtet, wenn ich dafür Geld bezahle. Es wird der Sache nicht gerecht. Bestimmten Praxisformen entspricht eine Eigenlogik, die einen bestimmten Umgang mit dieser Praxisform als etwas, was man tun soll, nach sich zieht.

In diesem Zusammenhang lassen sich Hilfeprozesse nicht beliebig gestalten. Es gibt sozusagen ein wesentliches Fundament, das dem Hilfeprozess eigen ist (z.B. das er keine Bevormundung beinhalten soll). Interessanterweise kommen postmoderne Theorien und die aristotelische Theorie zu oft ähnlichen Schlussfolgerungen für die Praxis:

- die Autopoiesis eines Systems verbietet es dirigistisch in das System einzugreifen; ein Eingriff würde es zerstören (einen Menschen gewaltsam das Atmen vorzugeben, würde das Leben zerstören) [Überlegungen auf Basis des Konstruktivismus; Postmoderne]
- Das Wesen von Leben beinhaltet, dass es Eigenstrukturen hat; bestimmte Eingriffe, die diesem Wesen fremd sind, würden es zerstören; vgl. Sandel: Für gute Schulnoten zu bezahlen höhlt die intrinsische Motivation aus und zerstört die Freude, die mit der Erlangung der Note verbunden ist; Geld wird dazwischen geschaltet[44]
- Gerechtigkeit ist nicht absolut erreichbar; zwischen der wahren Gerechtigkeit und dem, was verwirklicht werden kann, klafft eine konstitutive Distanz;
- Gerechtigkeit ist immer individuell oder zumindest abhängig von der Art der „Sache“ zu der etwas gehört; eine prinzipielle oder absolute Gerechtigkeit (im Sinne absoluter Gleichbehandlung) kann es nicht geben

Trotz dieser Gemeinsamkeiten versteht die Postmoderne jede Entität als Konstrukt eines Prozesses; z.B. Leben ist nichts Substanzielles, sondern eine permanente Herstellung durch rückwirkende Bezugnahme auf sich selbst. Für die Praxis ist es jedoch eher zweitrangig, ob eine Begründung über etwas Vorliegendes (Hilfe als etwas, was als Norm vorliegt; etwas das Eigenstruktur hat) oder etwas Prozesshaftes (Hilfe als etwas, was durch Kommunikation prozessiert wird) läuft. Beide Male ist ein Maßstab involviert: Ich darf keine

[44] In diesem Zusammenhang könnte man sich kritisch mit Therapieformen auseinandersetzen, die mit Belohnungsmarken arbeiten

Akte tätigen, die denjenigen, dem die Hilfe zuteil wird, in seiner Eigentätigkeit unterminieren. Einmal wird durch solche Akte der Prozess zerstört (die Autopoiesis) oder es fallen solche Akte aus dem normativen Rahmen der durch eine substanzialistische Ontologie gestiftet wird (z.B. das Wesen von Hilfe).

## 4. Prinzipien mittlerer Reichweite

Auch in Bezug auf eine Ethik Klinischer Sozialarbeit stellt sich wie in anderen Bereichen angewandter Ethik die grundlegende Frage nach dem Verhältnis zwischen einer ethischen Theorie bzw. ihren Grundbegriffen und dem Einzelfallurteil (Schöne-Seifert 1996: 559). Wie sollen ethische Theorien in der Praxis Klinischer Sozialarbeit zur Anwendung kommen? Grundsätzlich lassen sich drei Modellvorstellungen unterscheiden:

- Deduktives Anwendungsmodell: Ein Einzelfall wird auf der Basis des Grundprinzips einer ethischen Theorie entschieden.
- Einzelfallerkenntnis oder Kasuistik: Jeder Einzelfall wird weitgehend isoliert behandelt; es werden lediglich Bezüge zu ähnlich gelagerten Fällen vorgenommen; auf übergeordnete Prinzipien (z.B. Gerechtigkeit, Selbstbestimmung) wird nicht Bezug genommen.
- Zirkuläres Adaptionsmodell: Ausgangspunkt sind Prinzipien mittlerer Reichweite; sie werden auf einen konkreten Fall bezogen (von oben nach untern) und im Hinblick auf die spezifische Situation des Falles interpretiert (von unten nach oben)

Das deduktive Ablaufmodell wird kritisiert, weil im Allgemeinen das Prinzip einer ethischen Theorie nicht ausreicht, um alle Fälle der Praxis angemessen zu lösen. Hinzukommt, dass die allgemeinen Prinzipien nicht von allen Mitgliedern der Gesellschaft geteilt wird. Zudem ist die Interpretation allgemeiner Prinzipien meist nicht eindeutig (ebd.: 560).

Das kasuistische Modell wird den Anforderungen an eine ethische Beurteilung nicht gerecht. Ethische Urteile setzen allgemeine Maßstäbe voraus, während Die Kasuistik ausschließlich situationsbezogen urteilt.

Ein Beispiel für das zirkuläre Adaptionsmodell haben Beauchamp und Childress (1994) geliefert. Es entstammt der Medizinethik, lässt sich jedoch auch auf die Belange Klinischer Sozialarbeit beziehen. Dieses Modell geht von Prinzipien mittlerer Reichweite aus. Das bedeutet, dass man auf eine Anbindung der Prinzipien an Theorien normativer Ethik verzichtet. Man führt die Prinzipien stattdessen in ihrer alltäglichen Verwendungsweise ein. Diese Prinzipien sollen an unsere moralischen Alltagsüberzeugungen anknüpfen, die in einem Prozess der Interpretation und Konkretisierung rekonstruiert und in einen kohärenten Zusammenhang gebracht werden.

Beauchamp und Childress stellten 1979 zum ersten Mal die folgenden vier Prinzipien vor:

- negative Schadensvermeidung
- Positive Fürsorge
- Respekt vor Selbstbestimmung (Autonomie)
- Gerechtigkeit

Bei diesen Prinzipien handelt es sich um sogenannte prima-facie gültige Prinzipien. Es sind moralische Grundprinzipien die in unserer Kultur allgemein vertretenen werden. Sie werden im Rahmen einer fallbezogenen Anwendung interpretiert und konkretisiert. Es ist zu fragen: Was bedeutet ein bestimmtes Prinzip in Bezug auf eine konkrete Situation? Wie ist beispielsweise Autonomie bezogen auf ein dreijähriges Kind oder einen schwer psychisch Kranken zu begreifen. Der Phase der Interpretation folgt die Gewichtung. Die vier Prinzipien legen oft unterschiedliche Handlungsentscheidungen nahe. So können beispielsweise Fürsorge und Autonomie in einen fundamentalen Konflikt geraten. Nach Beauchamp und Childress ist es erforderlich diesen Konflikt in aller Schärfe zu explizieren (ebd.). Durch die Verdeutlichung eines Konflikts werden bereits Auflösungsmöglichkeiten angedeutet. Eine Entscheidung für eine bestimmte Handlungsoption ergibt sich jedoch nicht im Sinne eines Algorithmus. Eine Auflösung grundlegender Wertkonflikte ist immer fallbezogen. Welchem Prinzip (z.B. Fürsorge oder Selbstbestimmung) in einem konkreten Fall der Vorzug zu geben ist, lässt nicht aus einer vorgegebenen Hierarchie der Prinzipien deduzieren. So kann in einem Fall das Prinzip der Autonomie entscheidendes Gewicht haben, während in einem anders gelagerten Fall der Wert der Fürsorge vorzuziehen ist.

Die von Beauchamp und Childress formulierten Prinzipien spielen sowohl in den berufsethischen Prinzipien des DBSH als auch in den in den ethischen Prinzipien für Klinische Sozialarbeiter eine wichtige Rolle. Obwohl sie nicht alle Prinzipien, die den Berufsethiken angesprochen werden, abdecken, kommt dem Ansatz von Beauchamp und Childress eine wichtige Funktion bei der Strukturierung von Fallentscheidungen zu.

Die von Beauchamp und Childress vorgenommene Ablösung der Prinzipien von ethischen Theorien erweist sich jedoch bei näherer Prüfung als undurchführbar. Die Bedeutung ethischer Grundprinzipien lässt sich nur im Kontext von ethischen Theorie angemessen erfassen. Eine nur am Commonsense orientierte Erläuterung der Prinzipien greift zu kurz, da sie den Differenzierungsgewinn, den die normative Ethik zur Interpretation der Prinzipien beitragen kann, nicht nützt. Weiter sind die einzelnen von Beauchamp und Childress genannten Prinzipien unterschiedlich interpretierbar. Eine Interpretation der Prinzipien ist jedoch abhängig von der ethischen Theorie, die vom Praktiker vertreten wird[45].

Hier stellt sich die Frage, wie angesichts dieser komplizierten Situation ethisch begründete Entscheidungen herbeigeführt werden könne. Im nächsten Abschnitt soll diese Frage näher erörtert werden.

---

[45] Hier ist es durchaus möglich, dass in der Praxis ethische Grundüberzeugungen vertreten werden, ohne dass ein Bewusstsein darüber existiert, welchen Theorien der normativen Ethik die eigenen Überzeugungen zuzuordnen sind.

## 5. Anwendung berufsethischer Prinzipien in der Praxis Klinischer Sozialarbeit

Bei der Anwendung ethischer Prinzipien geht es um die Frage: Welche Interventionsstrategie wird in der Praxis den berufsethischen Normen am meisten gerecht? Diese Frage läßt sich nicht einfach beantworten. Bereits die Darstellung einer Ausgangssituation bzw. eines Problems ist nicht wertfrei möglich. Die Identifizierung eines Problems setzt schon einen normativen sowie theoretischen Kontext voraus. So muß man beispielsweise über ein Konzept von Gesundheit oder Normalität verfügen – also ein normatives Konzept -, um problematische Abweichungen identifizieren zu können.

Diese Auffassung widerspricht einer oft vertretenen Anschauung, nämlich der, dass die Tatsachen doch einfach wertfrei festgestellt werden können. Dies zu glauben ist aber naiv. Karl Popper hat seine Studenten einmal aufgefordert, zu beobachten. Die Rückfrage lautet: Was? Man muss sozusagen schon einen Fokus haben, um etwas Bestimmtes zu sehen. Der Apfel, den Newton vom Baum fallen sah, war eben nicht nur ein Nahrungsmittel o.ä., sondern ein Exempel für die Gravitationstheorie. Aber auch einen Apfel erkennt man als Apfel nur, wenn man schon mit Äpfeln Bekanntschaft gemacht hat. Und wer auf einem Kunstwerk einen Apfel sieht, wird kaum Lust verspüren, diesen zu essen. Alles erscheint (Gabriel 2013) in einem Feld[46]. Es kann keinen einzelnen Gegenstand geben, sondern immer nur Gegenstände in einem Kontext[47]. Aus diesem Grund ist auch Theoriekenntnis unerlässlich. Wenn ich Klienten beobachte, was ist dann wichtig? Ohne Vorbegriffe könnte ich die Farbe der Schuhe des Kleinsten als das Allerwichtigste ansehen. So achte ich aber vielleicht auf die Art und Weise wie er über sich spricht (weil ich von einem bestimmten Modell ausgehe), wie er auf andere zugeht oder

---

[46] Oft wird angenommen, dass, weil alles auf Beobachtungen fußt, alles auch subjektiv ist. Gabriel argumentiert, dass man für jede Beobachtung Rahmenbedingungen festlegen kann bzw. dass sie in einen bestimmten Kontext gehört. Ein Röntgenbild ist z.B. wahr, weil es im Kontext der modernen Medizin auftritt, Wenn man aber eine phänomenologische Sicht auf den Körper vornimmt, die auf den Leib fokussiert, ist das Röntgenbild unwahr, da es eine Verkürzung im Rahmen einer cartesianischen Ontologie ist.

[47] Genau deshalb gibt es die Welt nicht. Die Welt wäre die absolute Perspektive, die Gottesperspektive. Die Welt besteht aber aus einer Pluralität von Perspektiven, die sich aufgrund eines bestimmten Kontexts ergeben (z.B. die Ergebnisse eines bestimmten Experiments). Dieses Ergebnis ist aber nicht subjektiv (im Sinne von Beliebigkeit), sondern es ist in diesem bestimmten Kontext objektiv. Das heißt dann auch – bezogen auf Klinische Sozialarbeit: Eine bestimmte Diagnose ist unter den Rahmenbedingungen, unter denen sie auftritt, objektiv. Den Anspruch über die Welt als Ganze (die Perspektive aller Perspektiven) etwas auszusagen, kann sie natürlich nicht erfüllen (also z.B. die Antwort auf die Frage: Was ist die Depression wirklich [jenseits aller Metatheorie, Theorie, Methodologie und Methoden]?).

welches Vermeidungsverhalten er zeigt. Als Klinischer Sozialarbeiter werde ich womöglich den Fokus auf die Verschränkung zwischen dem Körperlichen, Psychischen und Sozialen legen. Dies setzt jedoch Kenntnisse voraus. Wenn ich lärmende Jugendliche in einem Stadtpark sehe, dann kann ich wütend über deren verdorbenen Charakter schimpfen oder mir Gedanken über ihr Verhalten als Resultat von Prozessen der Exklusion machen.

Auf der Basis von Problemanalysen lassen sich Zielformulierungen entwickeln. Aus einer Vielfalt möglicher Zielsetzungen sind bestimmte Ziele auszuwählen. Die hier anfallenden Entscheidungen haben nicht nur eine fachliche, sondern immer auch eine ethische Dimension. Dies wird häufig ausgeblendet. Man meint hier wäre alles klar bzw. die Ziele wären selbstverständlich. Aber dies ist ein Irrtum. Alle Ziele wurzeln in Werten und Normen mit ethischer Dimension. Ethische Sensibilität in der Klinischen Sozialarbeit beinhaltet gerade die Hellhörigkeit für die normative Dimension des gesamten Tuns. Dabei ist es oft gar nicht so, dass die ethischen Aspekte nachträglich an die Sache herangetragen werden müssen. Sie inhärieren ihr häufig. Die Praxis der Klinischen Sozialarbeit ist immer schon normativ durchdrungen.

Die Wahl bestimmter Ziele beinhaltet zugleich eine Präferenz für bestimmte Interventionsstrategien.

Um die anfallenden Entscheidungen unter ethischen Aspekten zu qualifizieren, sind im Anschluß an die Problemanalyse die ethischen Konflikte eines Falles herauszuarbeiten. In der Praxis kann man dabei auf ethische Grundbegriffe bzw. die von Beauchamp und Childress formulierten Prinzipien mittlerer Reichweite zurückgreifen. In Bezug auf die ethische Dimension eines Falles lassen sich Handlungsoptionen entwickeln, die einzelnen ethischen Prinzipien gerecht werden oder diese vermitteln. Die gefundenen Optionen lassen sich dann vergleichen und bewerten.

Lowenberg und Dolgoff empfehlen folgendes Vorgehen bei der Entscheidung ethischer Fragen (19: 62 f.; Übers. des Verf.):

1. Überprüfen Sie den „Code of Ethics“ um festzustellen, ob eine/einige der Regeln des Codes anwendbar ist/sind. Diese Regeln haben Vorrang vor dem persönlichen Wertsystem des Sozialarbeiters.
2. Wenn eine oder mehrere Regeln des Codes anwendbar sind, müssen Sie diesen Regeln folgen.

3. Wenn der Code sich nicht auf das spezifische Problem beziehen lässt oder wenn verschiedene relevante Regeln des Codes zu konfligierenden Handlungsanweisungen führen, benutzen Sie die Kriterien zur Anwendung ethischer Werte.

Lowenberg und Dolgoff nennen als Kriterien eine Liste ethischer Prinzipien und Vorrangregeln, die dem Sozialarbeiter eine ethisch begründete Handlungsentscheidung ermöglichen soll. Im Einzelnen nennen sie (ebd.): Schutz des Lebens, Gleichheit, Autonomie und Freiheit, geringster Schaden, Qualität des Lebens, Schutz der Privatsphäre und Vertraulichkeit sowie Wahrhaftigkeit und vollständige Enthüllung. Dem Schutz des Lebens wird von Lowenberg und Dolgoff ein absoluter Vorrang eingeräumt.

Problematisch an diesem Vorgehen ist:

- Die Regeln des Code of Ethics werden als heteronome Regeln interpretiert. Eine ethisch qualifizierte Sozialarbeit sollte Regeln des Berufskodes nicht nur im Sinne äußerlicher Pflichterfüllung, sondern auf der Basis einer reflektierten Überzeugung erfüllen. Letztere lässt sich nur über einen Lernprozess aneignen, der den Erwerb fachlicher wie ethischer Kompetenz umfaßt.
- Der Bezug auf eine Liste ethischer Werte mir Vorrangregeln suggeriert, dass ethische Konflikte innerhalb der Sozialen Arbeit im Sinne eines Algorithmus bearbeitet werden können und eine definitive Lösung gefunden werden kann. Diese Annahme ist problematisch. So gehen beispielsweise Beauchamp und Childress (1994) davon aus, dass Prinzipien jeweils fallspezifisch interpretiert werden müssen.[48] Dies schließt eine für alle Fälle gültige Präferenzordnung von Werten bzw. Prinzipien aus.

Baum (1996: 155 f.) empfiehlt bei der Entscheidungsfindung im Rahmen einer berufsethisch fundierten Praxis folgendes Vorgehen:

- Selektionsregel: Zentraler Wert ist nach Baum der Selbstwert des Klienten bzw. aller Betroffenen. Jede Intervention ist zu prüfen, inwieweit sie dem Selbstwert[49] des Klienten gerecht wird. Grundsätzlich sind nur Interventionen erlaubt, die diesen Anspruch erfüllen.

---

[48] Vgl. die Ausführungen zu „Prinzipien mittlerer Reichweite".

[49] Vgl. hierzu die Ausführungen zu den Werten *Menschenwürde* und *Selbstbestimmung*.

- Präferenzregel: In einem zweiten Schritt sind die Interventionsstrategien, die den ersten Test bestanden haben zu gewichten. Der Intervention, die das größte Hilfspotential und das kleinste Schadenspotential hervorbringt ist der Vorzug zu geben.

Bei diesem Entscheidungsverfahren sollen die folgenden Regeln berücksichtigt werden (ebd.):

- Alle beabsichtigten und nicht beabsichtigten Nebenfolgen sind zu berücksichtigen.
- Elementar notwendige Hilfen für einen Klienten haben stets Vorrang vor der Vermeidung eins im Verhältnis dazu gering einzuschätzenden Schadens der Dritten entsteht.
- Hilfemaßnahmen, die den Selbstwert direkt berühren, haben Vorrang vor der Berücksichtigung anderer Interessen.
- Entscheidungen über Hilfsmaßnahmen sollten in sinnvollem Maße kooperativ erfolgen.[50]

Das von Baum vorgeschlagene Vorgehen vermeidet Schwierigkeiten des Ansatzes von Lowenberg und Dolgoff. Die zentralen Normen einer Berufsethik dürfen nach Baum nicht als heteronome Forderungen missverstanden werden. Eine *ethisch* qualifizierte Berufsausübung kommt erst zustande, wenn der Sozialarbeiter sich selbst *freiwillig* bzw. aus *Überzeugung* für die Übernahme berufsethischer Prinzipien entscheidet. Baum hebt weiter die Freiheit des Sozialarbeiters hervor. Nach der Durchführung einer intensiven Fallanalyse nach dem eben dargelegten Schema können immer noch mehrere gleichwertige Lösungen vorliegen. Die Letztentscheidung in seinem Kompetenzbereich kann dem handelnden Sozialarbeiter nicht abgenommen werden (ebd.: 156).

Problematisch an Baums Ansatz ist, dass er nicht alle Werte, die in berufsethischen Prinzipien angesprochen sind, gleichmäßig berücksichtigt. So wird die informierte Einwilligung nur in „sinnvollem Maße" (ebd.: 155) gefordert. Da Werte grundsätzlich fallspezifisch interpretiert werden müssen birgt auch Baums Ansatz – wenn auch in weit geringerem Maße als der von Lowenberg und Dolgoff – die Gefahr eine Präferenzordnung von Prinzipien unabhängig von der Problematik des Einzelfalles vorzugeben. Hier erweist sich Baum als Kantianer. Nach Kant gibt es keinen Widerstreit von Pflichten

[50] Vgl. die Ausführungen zum „Informd consent".

(obligationes non colliduntur). Nach seiner Auffassung lässt sich unabhängig von der konkreten Situation allgemein festlegen, welchem Wert Vorrang zu geben ist. Zum Beispiel ist das Wahrheitsgebot („Du sollst nicht lügen“) nach Kant stets zu befolgen, auch wenn dadurch ein Mensch zu Schaden käme (Zoglauer 1998: 116).
Ethische Kompetenz innerhalb der Sozialen Arbeit umfasst neben dem Erwerb ethischen Wissens (Begriffe, Theorien usw.) insbesondere die Entwicklung von Urteilskraft. (Höffe 2000: 260 f.; Thurnherr 2000). Diese umfasst als Elemente die bestimmende sowie die reflektierende Urteilskraft. Erstere ordnet Einzelfälle unter allgemeine Begriffe und Regeln, die vorgegeben sind. Letztere versucht zum individuellen Einzelfall den passenden Oberbegriff zu finden. Bei der praktischen Anwendung berufsethischer Prinzipien geht es genau hierum. Die Praxis muss daraufhin geprüft werden, welche ethischen Prinzipien jeweils zur Disposition stehen. Erst auf dieser Grundlage, also der Identifikation ethischer Prinzipien und ihrer Konflikte, kann eine Entscheidung darüber herbeigeführt werden, welchem Prinzip der Vorrang zu geben ist bzw. wie eine gelungene Vermittlung der Werte erfolgen kann. Um aber Prinzipien und gegebenenfalls deren Konflikte in bestimmten Situationen erfahren zu können, müssen wir uns in einem Horizont bereits vollzogener Wertsetzungen[51] befinden, von wo aus uns eine Reflexion erst ermöglicht wird (Breuer 2000: 35). Einen solchen Horizont können für die Soziale Arbeit die in einer Gemeinschaft geteilten Wertsetzungen, aber auch berufsethische Prinzipien und ihre Fundierung in der philosophischen Ethik darstellen.

Bei der Anwendung der reflektierenden Urteilskraft geht es nicht darum, ganz neue Begriffe zu erfinden. Die ethischen Grundbegriffe sind uns vorgegeben – einige zentrale Begriffe wurden hier dargelegt. Sie sind im Rahmen der mehrtausendjährigen Geschichte der philosophischen Ethik entstanden und können auch als ein Resultat abendländischer Denkgeschichte angesehen werden. In diesen Begriffen spiegelten sich zentrale Erfahrungen, die die Menschen bei der Frage wie sie richtig handeln sollen, gemacht haben. Hier war in den Anfängen sicherlich die reflektierende Urteilskraft in ihrer Reinform tätig. Derjenige, der zum ersten Mal den Begriff „Glück“ gebildet hat, hat sicher eine zentrale menschliche Erfahrung verdichtet und hier auch auf weitere Fähigkeiten – wie die überhaupt allgemeine Begriffe zu bilden – Be-

[51] Die Überlegungen beziehen sich auf den Ansatz des kanadischen Kommunitariers Charles Taylor (*1931), der in seiner Philosophie die Notwendigkeit einer Rückbindung des Subjekts an die Gemeinschaft, in der es situiert ist, deutlich macht. Nach dieser Auffassung ist unsere Fähigkeit, in bestimmten Situationen Werte zu identifizieren, ermöglicht aufgrund einer vorgängige Wertvermittlung durch die Gemeinschaft.

zug genommen. Aber bereits Aristoteles konnte auf einen bestimmten Stand der Philosophie zurückgreifen und sich eines begrifflichen Arsenals bedienen, um bestimmte Erfahrungen zu verdichten[52].

Wir bewegen uns heute sozusagen in einem normativen Rahmen und auch eine Berufsethik greift aus diesem Rahmen nur bestimmte - der Community der professionell Tätigen zentral erscheinende - Werte heraus. Diese werden dann fixiert und können für die Praxis wieder Anknüpfungspunkt sein. Um sie verstehen zu können bedarf es eines Kontextwissens. Wie schnell wird ein Begriff wie Glück oder Wohlergehen missverstanden und rein subjektiv ausgedeutet.

Ähnliches findet häufig beim Begriff *Autonomie* statt. Der umfangreiche Appendix der Kantischen Theorie ist demjenigen, der den Begriff ohne Vorkenntnis liest, völlig fremd. Und ist es nicht ähnlich mit dem Begriff der Würde. Was ist die Würde – eine Substanz in uns – etwas, was wir verlieren können – etwas, was uns durch das Rechtssystem nur zugesprochen wird – etwas, das wir nur haben, weil wir Bürger eines Staates sind usw.?

Die Urteilskraft kann nicht gelehrt, sondern nur geübt und trainiert werden. Die Darlegung ethischer Konflikte in der Praxis setzt voraus, dass Sozialarbeiter ihre Sensibilität für diese Dimension der Wirklichkeit schulen. Dies ist nur möglich

- auf der Basis einer Auseinandersetzung mit ethischen Theorien und Grundbegriffen
- regelmäßiger Durchführung von Fallbesprechungen; dabei sollen zentrale ethische Konflikte herausgearbeitet und begründete Entscheidungen herbeigeführt werden[53].

Entscheidungen für bestimmte Handlungsweisen bzw. Interventionen müssen auch eine Begründung der fallspezifischen Präferenzordnung und der jeweils involvierten Werte beinhalten. Wertkonflikte müssen immer fallspezifisch aufgelöst werden. Dieser Grundsatz und die damit verbundene Anstrengung

---

[52] Z.B. die Dialoge Platons oder die Fragmente der Vorsokratiker. Erfahrungen mit Verpflichtungen, wurden also bereits im rahmen eines theoretischen Rahmens gemacht (z.B. der platonischen Ideenlehre oder der gegnerischen Auffassungen wie der Atomlehre Demokrits). Aristoteles Verfahren ist somit ein Weiterschreiben bereits gemachter begrifflicher Rahmungen, wobei es darum geht auch neue Erfahrungen einzuordnen. Dies kann durchaus zur Modifikation der Konzepte führen.

[53] Großmaß und Perko (2011) haben die Bedeutung des Ethical Reasoning (speziell Fallbesprechung und Supervision) ausführlich herausgearbeitet.

ließen sich nur umgehen, wenn eine allgemeine und situationstunabhängige Präferenzordnung existieren würde. Das bedeutet, dass beispielsweise für alle Fälle der Wert Schadensvermeidung dem Wert der Autonomie vorzuziehen wäre. Dies widerspricht aber unseren moralischen Intuitionen. Wir können uns durchaus Fälle denken, in denen der Autonomie unserer Klienten der Vorzug zu geben ist; auf der anderen Seite sind Fälle möglich, wo die Autonomie eingeschränkt werden muss, um Schaden von unseren Klienten abzuwenden. Ähnliches kennen wir auch aus dem Alltag. Hier entscheiden wir vielfach je nach Situation, welcher Norm der Vorzug zu geben ist (Zoglauer 1998: 286). Zur Verdeutlichung sei hier folgendes Beispiel angeführt: Angenommen ich habe jemanden versprochen, an seiner Party teilzunehmen, aber zur gleichen Zeit ruft mich ein Freund an, der sich nicht wohl fühlt. Er möchte, dass ich zu ihm komme und mit ihm den Rest des Tages verbringe. In diesem Fall stehen sich die beiden Pflichten:

- Du sollst gegebene Versprechen halten
- Du sollst Freunden Beistand leisten

gegenüber. Eine Entscheidung lässt sich in diesem Fall wohl nur fällen, wenn man die Situationsumstände genauer kennt. Man möchte z. B. wissen, ob es dem Freund so schlecht geht, dass ein Treffen nicht auf morgen verschoben werden kann, oder ob es auch vertretbar ist, morgen das gemeinsame Treffen durchzuführen. Hier wird wiederum deutlich, dass sich keine fall- bzw. situationsunabhängige Präferenzordnung, die z.B. besagen würde, dass Versprechen grundsätzlich gehalten werden müssen, ausbilden lässt.

Ein Oszillieren zwischen dem konkreten Fall und den abstrakten Prinzipien ist Voraussetzung für eine ethisch qualifizierte Praxis. Ein einfaches Schema zur Lösung ethischer Konflikte existiert nicht. Bei der fallbezogenen Interpretation eines ethischen Prinzips kann es erforderlich werden, sich intensiv mit den ethisch/philosophischen Hintergründen eines Prinzips zu beschäftigen. Erst nach einer derartigen Vertiefung ist es in schwierigen Fällen möglich, Entscheidungen herbeizuführen, die mit der Berufsethik und mit eigenen Wertvorstellungen vereinbar sind. Man kann ein derartiges Vorgehen als Kohärentismus[54] bezeichnen (Zoglauer 1998: 301 ff.).

---

[54] Der Kohärentismus wird an dieser Stelle aus Platzgründen nicht systematisch dargelegt. Eine gute Einführung findet sich in Zoglauer (1998). Prinzipiell geht es darum, dass (a) keine Präferenzordnung von Normen, Werten und Prinzipien vorliegt, dass (b) situationsspezifisch entschieden werden muss, welchem Wert jeweils Vorrang zu geben ist und dass (c) Wider-

Manche mögen bedauern, dass es kein klares Bearbeitungsschema mit eindeutigen Lösungen für ethische Konflikte gibt. Aber würde dies die Freiheit und Kreativität des Praktikers nicht annullieren? Ethik kann dem Praktiker die Entscheidung in der Praxis letztendlich nicht abnehmen. Sie kann lediglich dazu beitragen, den Kontext einer Entscheidung einer vertieften Betrachtung zuzuführen und Kriterien anbieten, die ein hohes Maß an Plausibilität beanspruchen können. Ethik ermöglicht damit eine fundiertere und reflektiertere Entscheidung als sie ohne ihre Berücksichtigung möglich wäre. Die Entscheidung und damit auch die Verantwortung für das berufliche Handeln kann sie dem Praktiker jedoch nicht abnehmen.

---

spruchsfreiheit (Kohärenz) zwischen den jeweils relevanten Prinzipien und den moralischen Intuitionen des Handelnden anzustreben ist.

## 6. Literaturverzeichnis


Adorno, Th. W. (1979). Philosophische Terminologie. Suhrkamp: Frankfurt

Adorno, Th. W. (1996). Probleme der Moralphilosophie. Suhrkamp: Frankfurt am Main

Adorno, Th. W. (2003). Einleitung in die Soziologie. Suhrkamp: Frankfurt

Aristoteles (1985). Nikomachische Ethik. Meiner: Hamburg

Badiou, A. (2003). Ethik. Turia: Wien

Baum, H. (1996). Ethik sozialer Berufe. Schöning: Paderborn

Baum, H. (2000). Anthropologie für soziale Berufe. Leske und Budrich: Opladen

Beauchamp, T. L./ Childress, J. F. (1994). Principles of Bio-medical Ethics. NewYork/Oxford: Oxford University Press (4. erheblich überarbeitete Auflage)

Bielefeldt, H. (1998). Philosophie der Menschenrechte. Grund-lagen eines weltweiten Freiheitsethos. Darmstadt: Wissenschaftliche Buchgesellschaft

Bommes, H./Scherr, A. (2000). Soziologie der Sozialen Arbeit. Eine Einführung in Formen und Funktionen organisierter Hilfe. Weinheim und München: Juventa

Breuer, J. (2000). Charles Taylor zur Einführung. Hamburg: Junius

Dentler & Pauls (2001). Code of Ethics der Clinical Social Work Federation (Deutsche Übersetzung). Coburg: Institut für Psycho-Soziale Gesundheit

Dungs, S./Gerber, U./Schmidt, H./Zitt, R. (2006). Soziale Arbeit und Ethik im 21. Jahrhundert. Evangelische Verlagsanstalt: Leipzig

Ebert, Th. (2010). Soziale Gerechtigkeit. Ideen. Geschichte. Kontroversen. Bundeszentrale für politische Bildung: Bonn

Fahrenberg, J. (2011). Annahmen über den Menschen. Menschenbilder aus psychologischer, biologischer, religiöser und interkultureller Sicht. Asanger: Freiburg

Frost, A. (2012). Berufsethik in der Sozialpädagogik. Bildungsverlag: Köln

Gabriel, M. (2013). Warum es die Welt nicht gibt. Ullstein: Berlin

Gamm, G. (2009). Philosophie im Zeitalter der Extreme. Eine Geschichte philosophischen Denkens im 20 Jh. Primus: Darmstadt

Gil, Th. (1993). Ethik. Stuttgart u. Weimar: Metzler

Großmaß, R./Perko, G. (2011). Ethik für Soziale Berufe. Schöningh: Paderborn

Habermas, J. (1983). Moralbewusstsein und kommunikatives Handeln. Frankfurt am Main: Suhrkamp

Habermas, J. (2001). Die Zukunft der menschlichen Natur. Auf dem Weg zu einer liberalen Eugenik? Suhrkamp: Frankfurt

Hegel, G.W.F. (1986). Grundlinien der Philosophie des Rechts. Suhrkamp: Frankfurt

Heidbrink, H. (2008). Einführung in die Moralpsychologie, 3. Aufl. Beltz: Weinheim

Heidenreich, F. (2011). Theorien der Gerechtigkeit. Eine Einführung. Budrich: Leverkusen

Hilpert, K. (1991). Die Menschenrechte. Geschichte. Theologie. Aktualität. Patmos: Düsseldorf

Hoerster, D. (2002). Ethik des Embryonenschutzes. Ein rechtsphilosophischer Essay. Stuttgart: Reclam

Höffe, O. (2000). Immanuel Kant. München: Beck (5., überarbeitete Auflage)

Höffe, O. (2001). Gerechtigkeit. Eine philosophische Einführung. München: Beck

Horster, D. (2002). Rechtsphilosophie zur Einführung. Junius: Hamburg

Hossenfelder, M. (2006) Epikur. Beck: München

http:\\homepages.uni-tuebingen.de\georg.markmann\prinzipienethik 2000.pdf

Irrgang, B. (1995). Grundriss der medizinischen Ethik. München/Basel: Reinhardt

Joerden, E./Hilgendorf, E./Thiele, F. (2013). Menschenwürde und Medizin. Ein transdisziplinäres Handbuch. Duncker & Humblot: Berlin

Kant, I. (1982). Kritik der praktischen Vernunft/Grundlegung zur Metaphysik der Sitten. Frankfurt a. Main: Suhrkamp (Werkausgabe Band VII. Herausgegeben von W. Weischedel)

Kant, I. (1999). Grundlegung zur Metaphysik der Sitten. Meiner: Hamburg

Kerber, W. (1998). Sozialethik. Ein Grundkurs. Stuttgart: Kohlhammer

Kersting, W. (1993). John Rawls zur Einführung. Hamburg: Junius

Kimmerle, H. (2008). Jacques Derrida zur Einführung, 7. Aufl. Junius: Hamburg

Kirste, S. (2010). Einführung in die Rechtsphilosophie. Wissenschaftliche Buchgesellschaft: Darmstadt

Kleve, H./Koch, G./Müller, M. (2003). Differenz und Soziale Arbeit. Sensibilität im Umgang mit dem Unterschiedlichen. Schibri: Uckerland

Kodalle, K.-M. (1996). Verantwortung. In H. Hastedt u. E. Martens (Hrsg.). Ethik. Ein Grundkurs (s. 180 – 197). Reinbek bei Hamburg: Rowohlt (2. Auflage)

Kraus, B./Effinger, H./Gahleitner, S./Miethe, I./Stövesand, S. (Hrsg.) (2011). Soziale Arbeit zwischen Generalsierung und Spezialisierung. Das Ganze und seine Teile. Budrich: Opladen u.a.

Kuhrau-Neumärker, D. (2005). War das o.k.? Moralische Konflikte im Alltag Sozialer Arbeit. Einführung in die Berufsethik. Waxmann: Münster

Lenk, H. (1997). Einführung in die angewandte Ethik. Verantwortlichkeit und Gewissen. Stuttgart/Berlin/Köln: Kohlhammer

Lob-Hüdepohl, A./Lesch, W. (2007). Ethik Sozialer Arbeit. Ein Handbuch. Schöningh: Paderborn

Lowenberg, F. M. /Dolghoff, R. (1996). Ethical Decisions for Social Work Practice. Itasca,

Illinois: F.E. Peacock Publishers

Martin, E. (2001). Sozialpädagogische Berufsethik. Auf der Suche nach dem richtigen Handeln. Weinheim u. München: Juventa

Meyer-Abich, K. M. (2010). Was es bedeutet gesund zu sein. Philosophie der Medizin. Hanser: München

Müller, C. (1992). Verantwortungsethik. In A. Pieper (Hrsg.), Geschichte der neueren Ethik 2 (S. 103 - 131). Tübingen u. Basel: Franke

Münker, S./Roesler, A. (2000). Poststrukturalismus. Meltzer: Stuttgart u. Weimar

Nida-Rümelin, J. (1996). Theoretische und angewandte Ethik: Paradigmen, Begründungen, Bereiche. In J. Nida-Rümelin (Hrsg.), Angewandte Ethik. Die Bereichsethiken und ihre theoretische Fundierung (S. 2 – 85). Stuttgart: Kröner

Otto, H.-U./Scherr, A./Ziegler (2010). Wie viel und welche Normativität benötigt die Soziale Arbeit? Befähigungsgerechtigkeit als Maßstab sozialarbeiterischer Kritik, in Neue Praxis 40, S. 137-163

Pieper, A. (1985) Ethik und Moral. Eine Einführung in die praktische Philosophie. München: Beck

Reese-Schäfer, W. (2001). Kommunitarismus. Frankfurt a. Main: Campus

Ricken, F. (1998). Allgemeine Ethik, 3. Aufl. Kohlhammer: Stuttgart u.a.

Ritsert, J. (1997). Gerechtigkeit und Gleichheit. Münster: Westfälisches Dampfboot

Röd, W. (1994). Der Weg der Philosophie. Band I. München: Beck

Sandel, M. J. (2012). Was man für Geld nicht kaufen kann. Ullstein: Berlin

Sandel, M. J. (2013). Gerechtigkeit. Wie wir das Richtige tun. Ullstein: Berlin

Sartre, J.-P. (2000). Der Existenzialismus ist ein Humanismus und andere philosophische Essays. Rowohlt: Hamburg

Schlittmaier, A. (2009). Normative Implikationen sozialarbeitswissenschaftlicher Theorien, in Birgmeier, B./Mührel, E. (2009). Die Sozialarbeitswissenschaft und ihre Theorien. VS Verlag: Wiesbaden

Schlittmaier, A. (2006 a u. b.). Ethik und Soziale Arbeit, in Sozialmagazin 31, 2 u. 3, 43-52 u. 34 – 41

Schlittmaier, A. (1998). Zur Methodik und Systematik von Aporien. Untersuchungen zur Methodik und Systematik von Aporien. Königshausen & Neumann: Würzburg

Schmid Noerr, G. (2012). Ethik in der Sozialen Arbeit. Kohlhammer: Stuttgart

Schmid, W. (2012). Unglücklichsein. Eine Ermutigung. Insel Verlag: Berlin

Schnädelbach, H. (2007). Georg Wilhelm Friedrich Hegel zur Einführung. Hamburg: Junius

Schönecker, D./Wood, A. W. (2002). Kants „Grundlegung zur Metaphysik der Sitten". Ein einführender Kommentar. Schöningh: Paderborn

Schöne-Seifert, B. (1996). Medizinethik. In J. Nida-Rümelin (Hrsg.), Angewandte Ethik. Die Bereichsethiken und ihre theoretische Fundierung (S. 552 – 648). Stuttgart: Kröner

Schopenhauer, A. (1979). Preisschrift über das Fundament der Moral. Hamburg: Meiner

Schramme, Th. (2002). Bioethik. Frankfurt a. Main: Campus

Schumacher, Th. (2013). Lehrbuch der Ethik in der Sozialen Arbeit. Juventa: Weinheim u. Basel

Schweppenhäuser, G. (2003). Grundbegriffe der Ethik zur Einführung. Hamburg: Junius

Seibert, T. (1997). Existenzphilosophie. Melzer: Stuttgart u. Weimar

Spaemann, R. (2001). Grenzen. Zur ethischen Dimension des Handelns. Stuttgart: Klett-Kotta

Streek, W. (2013). Gekaufte Zeit. Die vertagte Krise des demokratischen Kapitalismus. Suhrkamp: Frankfurt

Thiersch, H. (2002) Positionsbestimmungen der Sozialen Arbeit. Gesellschaftspolitik, Theorie und Ausbildung. Weinheim u. München: Juventa

Thurnherr, U. (2000) Angewandte Ethik zur Einführung. Hamburg: Junius

Vattimo, G. (2005). Jenseits des Subjekts. Passagen Verlag: Leipzig

Zizek, S. (2001). Die Tücke des Subjekts. Suhrkamp: Frankfurt

Zoglauer, Th. (1998). Normenkonflikte – zur Logik und Rationalität ethischen Argumentierens. Stuttgart-Bad Cannstatt: frommann holzboog

Zoglauer, Th. (2002). Konstruiertes Leben. Ethische Probleme der Humangentechnik. Darmstadt: Primus

Printed in Germany
by Amazon Distribution
GmbH, Leipzig

23801596R00043